T&P BOOKS

I0196731

DICTIONARY

THEME-BASED

British English Collection

ENGLISH-HEBREW

The most useful words
To expand your lexicon and sharpen
your language skills

5000 words

Theme-based dictionary British English-Hebrew - 5000 words
By Andrey Taranov

T&P Books vocabularies are intended for helping you learn, memorize and review foreign words. The dictionary is divided into themes, covering all major spheres of everyday activities, business, science, culture, etc.

The process of learning words using T&P Books' theme-based dictionaries gives you the following advantages:

- Correctly grouped source information predetermines success at subsequent stages of word memorization
- Availability of words derived from the same root allowing memorization of word units (rather than separate words)
- Small units of words facilitate the process of establishing associative links needed for consolidation of vocabulary
- Level of language knowledge can be estimated by the number of learned words

Copyright © 2022 T&P Books Publishing

All rights reserved No part of this book may be reproduced or utilized in any form or by any means, electronic or mechanical, including photocopying, recording or by information storage and retrieval system, without permission in writing from the publishers.

T&P Books Publishing
www.tpbooks.com

This book is also available in E-book formats.
Please visit www.tpbooks.com or the major online bookstores.

HEBREW THEME-BASED DICTIONARY
British English collection

T&P Books vocabularies are intended to help you learn, memorize, and review foreign words. The vocabulary contains over 5000 commonly used words arranged thematically.

- Vocabulary contains the most commonly used words
- Recommended as an addition to any language course
- Meets the needs of beginners and advanced learners of foreign languages
- Convenient for daily use, revision sessions, and self-testing activities
- Allows you to assess your vocabulary

Special features of the vocabulary

- Words are organized according to their meaning, not alphabetically
- Words are presented in three columns to facilitate the reviewing and self-testing processes
- Words in groups are divided into small blocks to facilitate the learning process
- The vocabulary offers a convenient and simple transcription of each foreign word

The vocabulary has 155 topics including:

Basic Concepts, Numbers, Colors, Months, Seasons, Units of Measurement, Clothing & Accessories, Food & Nutrition, Restaurant, Family Members, Relatives, Character, Feelings, Emotions, Diseases, City, Town, Sightseeing, Shopping, Money, House, Home, Office, Working in the Office, Import & Export, Marketing, Job Search, Sports, Education, Computer, Internet, Tools, Nature, Countries, Nationalities and more ...

TABLE OF CONTENTS

Pronunciation guide — 9
Abbreviations — 10

BASIC CONCEPTS — 11
Basic concepts. Part 1 — 11

1. Pronouns — 11
2. Greetings. Salutations. Farewells — 11
3. How to address — 12
4. Cardinal numbers. Part 1 — 12
5. Cardinal numbers. Part 2 — 13
6. Ordinal numbers — 14
7. Numbers. Fractions — 14
8. Numbers. Basic operations — 14
9. Numbers. Miscellaneous — 15
10. The most important verbs. Part 1 — 15
11. The most important verbs. Part 2 — 16
12. The most important verbs. Part 3 — 17
13. The most important verbs. Part 4 — 18
14. Colours — 19
15. Questions — 19
16. Prepositions — 20
17. Function words. Adverbs. Part 1 — 20
18. Function words. Adverbs. Part 2 — 22

Basic concepts. Part 2 — 24

19. Weekdays — 24
20. Hours. Day and night — 24
21. Months. Seasons — 25
22. Units of measurement — 27
23. Containers — 28

HUMAN BEING — 29
Human being. The body — 29

24. Head — 29
25. Human body — 30

Clothing & Accessories — 31

26. Outerwear. Coats — 31
27. Men's & women's clothing — 31

28. Clothing. Underwear	32
29. Headwear	32
30. Footwear	32
31. Personal accessories	33
32. Clothing. Miscellaneous	33
33. Personal care. Cosmetics	34
34. Watches. Clocks	35

Food. Nutricion 36

35. Food	36
36. Drinks	37
37. Vegetables	38
38. Fruits. Nuts	39
39. Bread. Sweets	40
40. Cooked dishes	40
41. Spices	41
42. Meals	42
43. Table setting	43
44. Restaurant	43

Family, relatives and friends 44

45. Personal information. Forms	44
46. Family members. Relatives	44

Medicine 46

47. Diseases	46
48. Symptoms. Treatments. Part 1	47
49. Symptoms. Treatments. Part 2	48
50. Symptoms. Treatments. Part 3	49
51. Doctors	50
52. Medicine. Drugs. Accessories	50

HUMAN HABITAT 52
City 52

53. City. Life in the city	52
54. Urban institutions	53
55. Signs	54
56. Urban transport	55
57. Sightseeing	56
58. Shopping	57
59. Money	58
60. Post. Postal service	59

Dwelling. House. Home 60

61. House. Electricity	60

62.	Villa. Mansion	60
63.	Flat	60
64.	Furniture. Interior	61
65.	Bedding	62
66.	Kitchen	62
67.	Bathroom	63
68.	Household appliances	64

HUMAN ACTIVITIES 65
Job. Business. Part 1 65

69.	Office. Working in the office	65
70.	Business processes. Part 1	66
71.	Business processes. Part 2	67
72.	Production. Works	68
73.	Contract. Agreement	69
74.	Import & Export	70
75.	Finances	70
76.	Marketing	71
77.	Advertising	72
78.	Banking	72
79.	Telephone. Phone conversation	73
80.	Mobile telephone	74
81.	Stationery	74
82.	Kinds of business	74

Job. Business. Part 2 77

83.	Show. Exhibition	77
84.	Science. Research. Scientists	78

Professions and occupations 80

85.	Job search. Dismissal	80
86.	Business people	80
87.	Service professions	81
88.	Military professions and ranks	82
89.	Officials. Priests	83
90.	Agricultural professions	83
91.	Art professions	84
92.	Various professions	84
93.	Occupations. Social status	86

Education 87

94.	School	87
95.	College. University	88
96.	Sciences. Disciplines	89
97.	Writing system. Orthography	89
98.	Foreign languages	90

Rest. Entertainment. Travel	92
99. Trip. Travel	92
100. Hotel	92

TECHNICAL EQUIPMENT. TRANSPORT	94
Technical equipment	94
101. Computer	94
102. Internet. E-mail	95
103. Electricity	96
104. Tools	96

Transport	99
105. Aeroplane	99
106. Train	100
107. Ship	101
108. Airport	102

Life events	104
109. Holidays. Event	104
110. Funerals. Burial	105
111. War. Soldiers	105
112. War. Military actions. Part 1	106
113. War. Military actions. Part 2	108
114. Weapons	109
115. Ancient people	111
116. Middle Ages	111
117. Leader. Chief. Authorities	113
118. Breaking the law. Criminals. Part 1	114
119. Breaking the law. Criminals. Part 2	115
120. Police. Law. Part 1	116
121. Police. Law. Part 2	117

NATURE	119
The Earth. Part 1	119
122. Outer space	119
123. The Earth	120
124. Cardinal directions	121
125. Sea. Ocean	121
126. Seas & Oceans names	122
127. Mountains	123
128. Mountains names	124
129. Rivers	124
130. Rivers names	125
131. Forest	125
132. Natural resources	126

The Earth. Part 2

- 133. Weather — 128
- 134. Severe weather. Natural disasters — 129

Fauna

- 135. Mammals. Predators — 130
- 136. Wild animals — 130
- 137. Domestic animals — 131
- 138. Birds — 132
- 139. Fish. Marine animals — 134
- 140. Amphibians. Reptiles — 134
- 141. Insects — 135

Flora

- 142. Trees — 136
- 143. Shrubs — 136
- 144. Fruits. Berries — 137
- 145. Flowers. Plants — 138
- 146. Cereals, grains — 139

COUNTRIES. NATIONALITIES

- 147. Western Europe — 140
- 148. Central and Eastern Europe — 140
- 149. Former USSR countries — 141
- 150. Asia — 141
- 151. North America — 142
- 152. Central and South America — 142
- 153. Africa — 142
- 154. Australia. Oceania — 143
- 155. Cities — 143

PRONUNCIATION GUIDE

Letter's name	Letter	Hebrew example	T&P phonetic alphabet	English example
Alef	א	אריה	[ɑ], [ɑ:]	bath, to pass
	א	אחד	[ɛ], [ɛ:]	habit, bad
	א	מְאָה	['] (hamza)	glottal stop
Bet	ב	בית	[b]	baby, book
Gimel	ג	גמל	[g]	game, gold
Gimel+geresh	ג'	ג'ונגֶל	[ʤ]	joke, general
Dalet	ד	דג	[d]	day, doctor
Hei	ה	הר	[h]	home, have
Vav	ו	וסת	[v]	very, river
Zayin	ז	זאב	[z]	zebra, please
Zayin+geresh	ז'	ז'ורנָל	[ʒ]	forge, pleasure
Chet	ח	חוט	[χ]	as in Scots 'loch'
Tet	ט	טוב	[t]	tourist, trip
Yud	י	יום	[j]	yes, New York
Kaph	ך כ	כריש	[k]	clock, kiss
Lamed	ל	לחם	[l]	lace, people
Mem	ם מ	מלך	[m]	magic, milk
Nun	ן נ	נר	[n]	name, normal
Samech	ס	סוס	[s]	city, boss
Ayin	ע	עין	[ɑ], [ɑ:]	bath, to pass
	ע	תְשעִים	['] (ayn)	voiced pharyngeal fricative
Pei	ף פ	פיל	[p]	pencil, private
Tsadi	ץ צ	צעצוע	[ʦ]	cats, tsetse fly
Tsadi+geresh	צ'ץ'	צָ'ק	[ʧ]	church, French
Qoph	ק	קוף	[k]	clock, kiss
Resh	ר	רכבת	[r]	French (guttural) R
Shin	ש	שלחן, עֶשׂרִים	[s], [ʃ]	city, machine
Tav	ת	תפוז	[t]	tourist, trip

ABBREVIATIONS
used in the dictionary

English abbreviations

ab.	-	about
adj	-	adjective
adv	-	adverb
anim.	-	animate
as adj	-	attributive noun used as adjective
e.g.	-	for example
etc.	-	et cetera
fam.	-	familiar
fem.	-	feminine
form.	-	formal
inanim.	-	inanimate
masc.	-	masculine
math	-	mathematics
mil.	-	military
n	-	noun
pl	-	plural
pron.	-	pronoun
sb	-	somebody
sing.	-	singular
sth	-	something
v aux	-	auxiliary verb
vi	-	intransitive verb
vi, vt	-	intransitive, transitive verb
vt	-	transitive verb

Hebrew abbreviations

ז	-	masculine
ז"ר	-	masculine plural
ז, נ	-	masculine, feminine
נ	-	feminine
נ"ר	-	feminine plural

BASIC CONCEPTS

Basic concepts. Part 1

1. Pronouns

I, me	ani	אֲנִי (ז, נ)
you (masc.)	ata	אַתָּה (ז)
you (fem.)	at	אַתְּ (נ)
he	hu	הוּא (ז)
she	hi	הִיא (נ)
we	a'naχnu	אֲנַחנוּ (ז, נ)
you (masc.)	atem	אַתֶם (ז"ר)
you (fem.)	aten	אַתֶן (נ"ר)
you (polite, sing.)	ata, at	אַתָּה (ז), אַתְּ (נ)
you (polite, pl)	atem, aten	אַתֶם (ז"ר), אַתֶן (נ"ר)
they (masc.)	hem	הֵם (ז"ר)
they (fem.)	hen	הֵן (נ"ר)

2. Greetings. Salutations. Farewells

Hello! (fam.)	ʃalom!	שָׁלוֹם!
Hello! (form.)	ʃalom!	שָׁלוֹם!
Good morning!	'boker tov!	בּוֹקֶר טוֹב!
Good afternoon!	tsaha'rayim tovim!	צָהֳרַיִים טוֹבִים!
Good evening!	'erev tov!	עֶרֶב טוֹב!
to say hello	lomar ʃalom	לוֹמַר שָׁלוֹם
Hi! (hello)	hai!	הַיי!
greeting (n)	ahlan	אַהלָן
to greet (vt)	lomar ʃalom	לוֹמַר שָׁלוֹם
How are you? (form.)	ma ʃlomeχ?, ma ʃlomχa?	מָה שלוֹמֵך? (נ), מָה שלוֹמְך? (ז)
How are you? (fam.)	ma niʃma?	מָה נִשמָע?
What's new?	ma χadaʃ?	מָה חָדָש?
Bye-Bye! Goodbye!	lehitra'ot!	לְהִתרָאוֹת!
Bye!	bai!	בַּיי!
See you soon!	lehitra'ot bekarov!	לְהִתרָאוֹת בְּקָרוֹב!
Farewell!	heye ʃalom!	הֱיֵה שָׁלוֹם!
Farewell! (form.)	lehitra'ot!	לְהִתרָאוֹת!
to say goodbye	lomar lehitra'ot	לוֹמַר לְהִתרָאוֹת
Cheers!	bai!	בַּיי!
Thank you! Cheers!	toda!	תוֹדָה!
Thank you very much!	toda raba!	תוֹדָה רַבָּה!

My pleasure!	bevakaʃa	בְּבַקָשָׁה
Don't mention it!	al lo davar	עַל לֹא דָבָר
It was nothing	ein be'ad ma	אֵין בְּעַד מָה
Excuse me!	sliχa!	סליחָה!
to excuse (forgive)	lis'loaχ	לִסלוֹחַ
to apologize (vi)	lehitnatsel	לְהִתנַצֵל
My apologies	ani mitnatsel, ani mitna'tselet	אֲנִי מִתנַצֵל (ז), אֲנִי מִתנַצֶלֶת (נ)
I'm sorry!	ani mitsta'er, ani mitsta''eret	אֲנִי מִצטַעֵר (ז), אֲנִי מִצטַעֶרֶת (נ)
to forgive (vt)	lis'loaχ	לִסלוֹחַ
It's okay! (that's all right)	lo nora	לֹא נוֹרָא
please (adv)	bevakaʃa	בְּבַקָשָׁה
Don't forget!	al tiʃkaχ!	אַל תִשכַּח! (ז)
Certainly!	'betaχ!	בֶּטַח!
Of course not!	'betaχ ʃelo!	בֶּטַח שֶׁלֹא!
Okay! (I agree)	okei!	אוֹקֵיי!
That's enough!	maspik!	מַספִּיק!

3. How to address

Excuse me, ...	sliχa!	סליחָה!
mister, sir	adon	אָדוֹן
madam	gvirti	גבִרתִי
miss	'gveret	גבֶרֶת
young man	baχur tsa'ir	בָּחוּר צָעִיר
young man (little boy)	'yeled	יֶלֶד
miss (little girl)	yalda	יַלדָה

4. Cardinal numbers. Part 1

0 zero	'efes	אֶפֶס (ז)
1 one	eχad	אֶחָד (ז)
1 one (fem.)	aχat	אַחַת (נ)
2 two	'ʃtayim	שתַיִים (נ)
3 three	ʃaloʃ	שָׁלוֹשׁ (נ)
4 four	arba	אַרבַּע (נ)
5 five	χameʃ	חָמֵשׁ (נ)
6 six	ʃeʃ	שֵׁשׁ (נ)
7 seven	'ʃeva	שֶׁבַע (נ)
8 eight	'ʃmone	שמוֹנֶה (נ)
9 nine	'teʃa	תֵשַׁע (נ)
10 ten	'eser	עֶשֶׂר (נ)
11 eleven	aχat esre	אַחַת־עֶשׂרֵה (נ)
12 twelve	ʃteim esre	שתֵים־עֶשׂרֵה (נ)
13 thirteen	ʃloʃ esre	שלוֹשׁ־עֶשׂרֵה (נ)
14 fourteen	arba esre	אַרבַּע־עֶשׂרֵה (נ)
15 fifteen	χameʃ esre	חֲמֵשׁ־עֶשׂרֵה (נ)
16 sixteen	ʃeʃ esre	שֵׁשׁ־עֶשׂרֵה (נ)

17 seventeen	ʃva esre	שְבַע־עֶשׂרֵה (נ)
18 eighteen	ʃmone esre	שמוֹנֶה־עֶשׂרֵה (נ)
19 nineteen	tʃa esre	תְשַע־עֶשׂרֵה (נ)
20 twenty	esrim	עֶשׂרִים
21 twenty-one	esrim ve'eχad	עֶשׂרִים וְאֶחָד
22 twenty-two	esrim u'ʃnayim	עֶשׂרִים ושנַיִים
23 twenty-three	esrim uʃloʃa	עֶשׂרִים ושלוֹשָה
30 thirty	ʃloʃim	שלוֹשִים
31 thirty-one	ʃloʃim ve'eχad	שלוֹשִים וְאֶחָד
32 thirty-two	ʃloʃim u'ʃnayim	שלוֹשִים ושנַיִים
33 thirty-three	ʃloʃim uʃloʃa	שלוֹשִים ושלוֹשָה
40 forty	arba'im	אַרבָּעִים
41 forty-one	arba'im ve'eχad	אַרבָּעִים וְאֶחָד
42 forty-two	arba'im u'ʃnayim	אַרבָּעִים ושנַיִים
43 forty-three	arba'im uʃloʃa	אַרבָּעִים ושלוֹשָה
50 fifty	χamiʃim	חֲמִישִים
51 fifty-one	χamiʃim ve'eχad	חֲמִישִים וְאֶחָד
52 fifty-two	χamiʃim u'ʃnayim	חֲמִישִים ושנַיִים
53 fifty-three	χamiʃim uʃloʃa	חֲמִישִים ושלוֹשָה
60 sixty	ʃiʃim	שִישִים
61 sixty-one	ʃiʃim ve'eχad	שִישִים וְאֶחָד
62 sixty-two	ʃiʃim u'ʃnayim	שִישִים ושנַיִים
63 sixty-three	ʃiʃim uʃloʃa	שִישִים ושלוֹשָה
70 seventy	ʃiv'im	שִבעִים
71 seventy-one	ʃiv'im ve'eχad	שִבעִים וְאֶחָד
72 seventy-two	ʃiv'im u'ʃnayim	שִבעִים ושנַיִים
73 seventy-three	ʃiv'im uʃloʃa	שִבעִים ושלוֹשָה
80 eighty	ʃmonim	שמוֹנִים
81 eighty-one	ʃmonim ve'eχad	שמוֹנִים וְאֶחָד
82 eighty-two	ʃmonim u'ʃnayim	שמוֹנִים ושנַיִים
83 eighty-three	ʃmonim uʃloʃa	שמוֹנִים ושלוֹשָה
90 ninety	tiʃ'im	תִשעִים
91 ninety-one	tiʃ'im ve'eχad	תִשעִים וְאֶחָד
92 ninety-two	tiʃ'im u'ʃayim	תִשעִים ושנַיִים
93 ninety-three	tiʃ'im uʃloʃa	תִשעִים ושלוֹשָה

5. Cardinal numbers. Part 2

100 one hundred	'me'a	מֵאָה (נ)
200 two hundred	ma'tayim	מָאתַיִים
300 three hundred	ʃloʃ me'ot	שלוֹש מֵאוֹת (נ)
400 four hundred	arba me'ot	אַרבַּע מֵאוֹת (נ)
500 five hundred	χameʃ me'ot	חֲמֵש מֵאוֹת (נ)
600 six hundred	ʃeʃ me'ot	שֵש מֵאוֹת (נ)
700 seven hundred	ʃva me'ot	שבַע מֵאוֹת (נ)

800 eight hundred	ʃmone me'ot	שמוֹנֶה מֵאוֹת (נ)
900 nine hundred	tʃa me'ot	תשַע מֵאוֹת (נ)
1000 one thousand	'elef	אֶלֶף (ז)
2000 two thousand	al'payim	אַלפַּיִים (ז)
3000 three thousand	'ʃloʃet alafim	שלוֹשֶת אֲלָפִים (ז)
10000 ten thousand	a'seret alafim	עֲשֶׂרֶת אֲלָפִים (ז)
one hundred thousand	'me'a 'elef	מֵאָה אֶלֶף (ז)
million	milyon	מִיליוֹן (ז)
billion	milyard	מִילִיַארד (ז)

6. Ordinal numbers

first (adj)	riʃon	רִאשוֹן
second (adj)	ʃeni	שֵנִי
third (adj)	ʃliʃi	שלִישִי
fourth (adj)	revi'i	רְבִיעִי
fifth (adj)	χamiʃi	חֲמִישִי
sixth (adj)	ʃiʃi	שִישִי
seventh (adj)	ʃvi'i	שבִיעִי
eighth (adj)	ʃmini	שמִינִי
ninth (adj)	tʃi'i	תשִיעִי
tenth (adj)	asiri	עֲשִׂירִי

7. Numbers. Fractions

fraction	'ʃever	שֶבֶר (ז)
one half	'χetsi	חֵצִי (ז)
one third	ʃliʃ	שלִיש (ז)
one quarter	'reva	רֶבַע (ז)
one eighth	ʃminit	שמִינִית (נ)
one tenth	asirit	עֲשִׂירִית (נ)
two thirds	ʃnei ʃliʃim	שנֵי שלִישִים (ז)
three quarters	'ʃloʃet riv'ei	שלוֹשֶת רִבעֵי

8. Numbers. Basic operations

subtraction	χisur	חִיסוּר (ז)
to subtract (vi, vt)	leχaser	לְחַסֵר
division	χiluk	חִילוּק (ז)
to divide (vt)	leχalek	לְחַלֵק
addition	χibur	חִיבּוּר (ז)
to add up (vt)	leχaber	לְחַבֵּר
to add (vi)	leχaber	לְחַבֵּר
multiplication	'kefel	כֶּפֶל (ז)
to multiply (vt)	lehaχpil	לְהַכפִּיל

9. Numbers. Miscellaneous

digit, figure	sifra	סִפרָה (נ)
number	mispar	מִספָּר (ז)
numeral	ʃem mispar	שֵׁם מִספָּר (ז)
minus sign	'minus	מִינוּס (ז)
plus sign	plus	פלוּס (ז)
formula	nusχa	נוּסחָה (נ)
calculation	χiʃuv	חִישׁוּב (ז)
to count (vi, vt)	lispor	לִספּוֹר
to count up	leχaʃev	לְחַשֵׁב
to compare (vt)	lehaʃvot	לְהַשווֹת
How much?	'kama?	כַּמָה?
How many?	'kama?	כַּמָה?
sum, total	sχum	סכוּם (ז)
result	totsa'a	תוֹצָאָה (נ)
remainder	ʃe'erit	שְׁאֵרִית (נ)
a few (e.g., ~ years ago)	'kama	כַּמָה
little (I had ~ time)	ktsat	קצָת
few (I have ~ friends)	me'at	מְעַט
a little (~ water)	me'at	מְעַט
the rest	ʃe'ar	שְׁאָר (ז)
one and a half	eχad va'χetsi	אֶחָד וָחֵצִי (ז)
dozen	tresar	תְרֵיסָר (ז)
in half (adv)	'χetsi 'χetsi	חֵצִי חֵצִי
equally (evenly)	ʃave beʃave	שָׁווֶה בְּשָׁווֶה
half	'χetsi	חֵצִי (ז)
time (three ~s)	'pa'am	פַּעַם (נ)

10. The most important verbs. Part 1

to advise (vt)	leya'ets	לְייַעֵץ
to agree (say yes)	lehaskim	לְהַסכִּים
to answer (vi, vt)	la'anot	לַעֲנוֹת
to apologize (vi)	lehitnatsel	לְהִתנַצֵל
to arrive (vi)	leha'gi'a	לְהַגִיעַ
to ask (~ oneself)	liʃol	לִשׁאוֹל
to ask (~ sb to do sth)	levakeʃ	לְבַקֵשׁ
to be (vi)	lihyot	לִהיוֹת
to be afraid	lefaχed	לְפַחֵד
to be hungry	lihyot ra'ev	לִהיוֹת רָעֵב
to be interested in ...	lehit'anyen be...	לְהִתעַניֵין בְּ...
to be needed	lehidareʃ	לְהִידָרֵשׁ
to be surprised	lehitpale	לְהִתפַּלֵא
to be thirsty	lihyot tsame	לִהיוֹת צָמֵא
to begin (vt)	lehatχil	לְהַתחִיל

to belong to ...	lehiʃtayeχ	לְהִשתַייֵך
to boast (vi)	lehitravrev	לְהִתרַבְרֵב
to break (split into pieces)	liʃbor	לִשבּוֹר
to call (~ for help)	likro	לִקרוֹא
can (v aux)	yaχol	יָכוֹל
to catch (vt)	litfos	לִתפּוֹס
to change (vt)	leʃanot	לְשַנוֹת
to choose (select)	livχor	לִבחוֹר
to come down (the stairs)	la'redet	לָרֶדֶת
to compare (vt)	lehaʃvot	לְהַשווֹת
to complain (vi, vt)	lehitlonen	לְהִתלוֹנֵן
to confuse (mix up)	lehitbalbel	לְהִתבַּלבֵּל
to continue (vt)	lehamʃiχ	לְהַמשִיך
to control (vt)	liʃlot	לִשלוֹט
to cook (dinner)	levaʃel	לְבַשֵל
to cost (vt)	la'alot	לַעֲלוֹת
to count (add up)	lispor	לִספּוֹר
to count on ...	lismoχ al	לִסמוֹך עַל
to create (vt)	litsor	לִיצוֹר
to cry (weep)	livkot	לִבכּוֹת

11. The most important verbs. Part 2

to deceive (vi, vt)	leramot	לְרַמוֹת
to decorate (tree, street)	lekaʃet	לְקַשֵט
to defend (a country, etc.)	lehagen	לְהָגֵן
to demand (request firmly)	lidroʃ	לִדרוֹש
to dig (vt)	laχpor	לַחפּוֹר
to discuss (vt)	ladun	לָדוּן
to do (vt)	la'asot	לַעֲשׂוֹת
to doubt (have doubts)	lefakpek	לְפַקפֵּק
to drop (let fall)	lehapil	לְהַפִּיל
to enter (room, house, etc.)	lehikanes	לְהִיכָּנֵס
to excuse (forgive)	lis'loaχ	לִסלוֹחַ
to exist (vi)	lehitkayem	לְהִתקַייֵם
to expect (foresee)	laχazot	לַחֲזוֹת
to explain (vt)	lehasbir	לְהַסבִּיר
to fall (vi)	lipol	לִיפּוֹל
to fancy (vt)	limtso χen be'ei'nayim	לִמצוֹא חֵן בְּעֵינַיִים
to find (vt)	limtso	לִמצוֹא
to finish (vt)	lesayem	לְסַיֵים
to fly (vi)	la'uf	לָעוּף
to follow ... (come after)	la'akov aχarei	לַעֲקוֹב אַחֲרֵי
to forget (vi, vt)	liʃkoaχ	לִשכּוֹחַ
to forgive (vt)	lis'loaχ	לִסלוֹחַ
to give (vt)	latet	לָתֵת
to give a hint	lirmoz	לִרמוֹז

to go (on foot)	la'leχet	לָלֶכֶת
to go for a swim	lehitraχeʦ	לְהִתרַחֵץ
to go out (for dinner, etc.)	laʦet	לָצֵאת
to guess (the answer)	lenaχeʃ	לְנַחֵש
to have (vt)	lehaχzik	לְהַחזִיק
to have breakfast	le'eχol aruχat 'boker	לֶאֱכוֹל אֲרוּחַת בּוֹקֶר
to have dinner	le'eχol aruχat 'erev	לֶאֱכוֹל אֲרוּחַת עֶרֶב
to have lunch	le'eχol aruχat ʦaha'rayim	לֶאֱכוֹל אֲרוּחַת צָהֳרַיִים
to hear (vt)	liʃmo'a	לִשמוֹעַ
to help (vt)	la'azor	לַעֲזוֹר
to hide (vt)	lehastir	לְהַסתִיר
to hope (vi, vt)	lekavot	לְקַווֹת
to hunt (vi, vt)	laʦud	לָצוּד
to hurry (vi)	lemaher	לְמַהֵר

12. The most important verbs. Part 3

to inform (vt)	leho'dia	לְהוֹדִיעַ
to insist (vi, vt)	lehit'akeʃ	לְהִתעַקֵש
to insult (vt)	leha'aliv	לְהַעֲלִיב
to invite (vt)	lehazmin	לְהַזמִין
to joke (vi)	lehitba'deaχ	לְהִתבַּדֵחַ
to keep (vt)	liʃmor	לִשמוֹר
to keep silent, to hush	liʃtok	לִשתוֹק
to kill (vt)	laharog	לַהֲרוֹג
to know (sb)	lehakir et	לְהַכִּיר אֶת
to know (sth)	la'da'at	לָדַעַת
to laugh (vi)	liʦχok	לִצחוֹק
to liberate (city, etc.)	leʃaχrer	לְשַחרֵר
to look for … (search)	leχapes	לְחַפֵּש
to love (sb)	le'ehov	לֶאֱהוֹב
to make a mistake	lit'ot	לִטעוֹת
to manage, to run	lenahel	לְנַהֵל
to mean (signify)	lomar	לוֹמַר
to mention (talk about)	lehazkir	לְהַזכִּיר
to miss (school, etc.)	lehaχsir	לְהַחסִיר
to notice (see)	lasim lev	לָשִׂים לֵב
to object (vi, vt)	lehitnaged	לְהִתנַגֵד
to observe (see)	liʦpot, lehaʃkif	לִצפּוֹת, לְהַשקִיף
to open (vt)	lif'toaχ	לִפתוֹחַ
to order (meal, etc.)	lehazmin	לְהַזמִין
to order (mil.)	lifkod	לִפקוֹד
to own (possess)	lihyot 'ba'al ʃel	לִהיוֹת בַּעַל שֶל
to participate (vi)	lehiʃtatef	לְהִשתַתֵף
to pay (vi, vt)	leʃalem	לְשַלֵם
to permit (vt)	leharʃot	לְהַרשוֹת
to plan (vt)	letaχnen	לְתַכנֵן

to play (children)	lesaχek	לְשַׂחֵק
to pray (vi, vt)	lehitpalel	לְהִתפַּלֵל
to prefer (vt)	lehaʿadif	לְהַעֲדִיף
to promise (vt)	lehav'tiaχ	לְהַבטִיחַ
to pronounce (vt)	levate	לְבַטֵא
to propose (vt)	leha'tsiʿa	לְהַצִיעַ
to punish (vt)	lehaʿaniʃ	לְהַעֲנִיש

13. The most important verbs. Part 4

to read (vi, vt)	likro	לִקרוֹא
to recommend (vt)	lehamlits	לְהַמלִיץ
to refuse (vi, vt)	lesarev	לְסָרֵב
to regret (be sorry)	lehitstaʿer	לְהִצטַעֵר
to rent (sth from sb)	liskor	לִשׂכּוֹר
to repeat (say again)	laχazor al	לַחֲזוֹר עַל
to reserve, to book	lehazmin meroʃ	לְהַזמִין מֵרֹאש
to run (vi)	laruts	לָרוּץ
to save (rescue)	lehatsil	לְהַצִיל
to say (~ thank you)	lomar	לוֹמַר
to scold (vt)	linzof	לִנזוֹף
to see (vt)	lirʾot	לִראוֹת
to sell (vt)	limkor	לִמכּוֹר
to send (vt)	liʃloaχ	לִשלוֹחַ
to shoot (vi)	lirot	לִירוֹת
to shout (vi)	litsʿok	לִצעוֹק
to show (vt)	leharʾot	לְהַראוֹת
to sign (document)	laχtom	לַחתוֹם
to sit down (vi)	lehityaʃev	לְהִתיַישֵב
to smile (vi)	leχayeχ	לְחַייֵך
to speak (vi, vt)	ledaber	לְדַבֵּר
to steal (money, etc.)	lignov	לִגנוֹב
to stop (for pause, etc.)	laʿatsor	לַעֲצוֹר
to stop (please ~ calling me)	lehafsik	לְהַפסִיק
to study (vt)	lilmod	לִלמוֹד
to swim (vi)	lisχot	לִשׂחוֹת
to take (vt)	la'kaχat	לָקַחַת
to think (vi, vt)	laχʃov	לַחשוֹב
to threaten (vt)	leʾayem	לְאַייֵם
to touch (with hands)	la'gaʿat	לָגַעַת
to translate (vt)	letargem	לְתַרגֵם
to trust (vt)	liv'toaχ	לִבטוֹחַ
to try (attempt)	lenasot	לְנַסוֹת
to turn (e.g., ~ left)	lifnot	לִפנוֹת
to underestimate (vt)	lehamʿit be"ereχ	לְהַמעִיט בְּעֵרֶך
to understand (vt)	lehavin	לְהָבִין
to unite (vt)	leʾaχed	לְאַחֵד

to wait (vt)	lehamtin	לְהַמתִין
to want (wish, desire)	lirtsot	לִרצוֹת
to warn (vt)	lehazhir	לְהַזהִיר
to work (vi)	la'avod	לַעֲבוֹד
to write (vt)	liχtov	לִכתוֹב
to write down	lirʃom	לִרשוֹם

14. Colours

colour	'tseva	צֶבַע (ז)
shade (tint)	gavan	גָוֶון (ז)
hue	gavan	גָוֶון (ז)
rainbow	'keʃet	קֶשֶׁת (נ)
white (adj)	lavan	לָבָן
black (adj)	ʃaχor	שָחוֹר
grey (adj)	afor	אָפוֹר
green (adj)	yarok	יָרוֹק
yellow (adj)	tsahov	צָהוֹב
red (adj)	adom	אָדוֹם
blue (adj)	kaχol	כָּחוֹל
light blue (adj)	taχol	תָכוֹל
pink (adj)	varod	וָרוֹד
orange (adj)	katom	כָּתוֹם
violet (adj)	segol	סָגוֹל
brown (adj)	χum	חוּם
golden (adj)	zahov	זָהוֹב
silvery (adj)	kasuf	כָּסוּף
beige (adj)	beʒ	בֶּז'
cream (adj)	be'tseva krem	בְּצֶבַע קרֶם
turquoise (adj)	turkiz	טוּרקִיז
cherry red (adj)	bordo	בּוֹרדוֹ
lilac (adj)	segol	סָגוֹל
crimson (adj)	patol	פָּטוֹל
light (adj)	bahir	בָּהִיר
dark (adj)	kehe	כֵּהֶה
bright, vivid (adj)	bohek	בּוֹהֵק
coloured (pencils)	tsiv'oni	צִבעוֹנִי
colour (e.g. ~ film)	tsiv'oni	צִבעוֹנִי
black-and-white (adj)	ʃaχor lavan	שָחוֹר־לָבָן
plain (one-coloured)	χad tsiv'i	חַד־צִבעִי
multicoloured (adj)	sasgoni	סַסגוֹנִי

15. Questions

Who?	mi?	מִי?
What?	ma?	מָה?

Where? (at, in)	'eifo?	אֵיפֹה?
Where (to)?	le'an?	לְאָן?
From where?	me"eifo?	מֵאֵיפֹה?
When?	matai?	מָתַיי?
Why? (What for?)	'lama?	לָמָה?
Why? (~ are you crying?)	ma'du'a?	מַדוּעַ?
What for?	biʃvil ma?	בִּשְׁבִיל מָה?
How? (in what way)	eiχ, keitsad?	כֵּיצַד? אֵיךְ?
What? (What kind of …?)	'eize?	אֵיזֶה?
Which?	'eize?	אֵיזֶה?
To whom?	lemi?	לְמִי?
About whom?	al mi?	עַל מִי?
About what?	al ma?	עַל מָה?
With whom?	im mi?	עִם מִי?
How many? How much?	'kama?	כַּמָה?
Whose?	ʃel mi?	שֶׁל מִי?

16. Prepositions

with (accompanied by)	im	עִם
without	bli, lelo	בּלִי, לְלֹא
to (indicating direction)	le…	לְ...
about (talking ~ …)	al	עַל
before (in time)	lifnei	לִפנֵי
in front of …	lifnei	לִפנֵי
under (beneath, below)	mi'taχat le…	מִתַחַת לְ...
above (over)	me'al	מֵעַל
on (atop)	al	עַל
from (off, out of)	mi, me	מִ, מֵ
of (made from)	mi, me	מִ, מֵ
in (e.g. ~ ten minutes)	toχ	תוֹך
over (across the top of)	'dereχ	דֶרֶך

17. Function words. Adverbs. Part 1

Where? (at, in)	'eifo?	אֵיפֹה?
here (adv)	po, kan	פֹּה, כָּאן
there (adv)	ʃam	שָׁם
somewhere (to be)	'eifo ʃehu	אֵיפֹה שֶׁהוּא
nowhere (not in any place)	beʃum makom	בְּשׁוּם מָקוֹם
by (near, beside)	leyad …	לְיַד ...
by the window	leyad haχalon	לְיַד הַחַלוֹן
Where (to)?	le'an?	לְאָן?
here (e.g. come ~!)	'hena, lekan	הֵנָה; לְכָאן

there (e.g. to go ~)	leʃam	לְשָׁם
from here (adv)	mikan	מִכָּאן
from there (adv)	miʃam	מִשָּׁם
close (adv)	karov	קָרוֹב
far (adv)	raχok	רָחוֹק
near (e.g. ~ Paris)	leyad	לְיַד
nearby (adv)	karov	קָרוֹב
not far (adv)	lo raχok	לֹא רָחוֹק
left (adj)	smali	שְׂמָאלִי
on the left	mismol	מִשְּׂמֹאל
to the left	'smola	שְׂמֹאלָה
right (adj)	yemani	יְמָנִי
on the right	miyamin	מִיָּמִין
to the right	ya'mina	יָמִינָה
in front (adv)	mika'dima	מִקָּדִימָה
front (as adj)	kidmi	קִדמִי
ahead (the kids ran ~)	ka'dima	קָדִימָה
behind (adv)	me'aχor	מֵאָחוֹר
from behind	me'aχor	מֵאָחוֹר
back (towards the rear)	a'χora	אָחוֹרָה
middle	'emtsa	אֶמצַע (ז)
in the middle	ba"emtsa	בָּאֶמצַע
at the side	mehatsad	מֵהַצַּד
everywhere (adv)	beχol makom	בְּכָל מָקוֹם
around (in all directions)	misaviv	מִסָּבִיב
from inside	mibifnim	מִבִּפנִים
somewhere (to go)	le'an ʃehu	לְאָן שֶׁהוּא
straight (directly)	yaʃar	יָשָׁר
back (e.g. come ~)	baχazara	בַּחֲזָרָה
from anywhere	me'ei ʃam	מֵאֵי שָׁם
from somewhere	me'ei ʃam	מֵאֵי שָׁם
firstly (adv)	reʃit	רֵאשִׁית
secondly (adv)	ʃenit	שֵׁנִית
thirdly (adv)	ʃliʃit	שלִישִׁית
suddenly (adv)	pit'om	פִּתאוֹם
at first (in the beginning)	behatslaχa	בַּהַתחָלָה
for the first time	lariʃona	לָרִאשׁוֹנָה
long before ...	zman rav lifnei ...	זמַן רַב לִפנֵי ...
anew (over again)	meχadaʃ	מֵחָדָש
for good (adv)	letamid	לְתָמִיד
never (adv)	af 'pa'am, me'olam	מֵעוֹלָם, אַף פַּעַם
again (adv)	ʃuv	שוּב
now (at present)	aχʃav, ka'et	עַכשָיו, כָּעֵת

often (adv)	le'itim krovot	לְעִיתִים קרובות
then (adv)	az	אָז
urgently (quickly)	bidχifut	בְּדחִיפוּת
usually (adv)	be'dereχ klal	בְּדֶרֶךְ כּלָל
by the way, ...	'dereχ 'agav	דֶרֶךְ אַגַב
possibly	efʃari	אֶפשָרִי
probably (adv)	kanir'e	כַּנִראֶה
maybe (adv)	ulai	אוּלַי
besides ...	χuts mize ...	חוּץ מִזֶה ...
that's why ...	laχen	לָכֵן
in spite of ...	lamrot ...	לַמרוֹת ...
thanks to ...	hodot le...	הוֹדוֹת לְ...
what (pron.)	ma	מָה
that (conj.)	ʃe	שֶ
something	'maʃehu	מַשֶהוּ
anything (something)	'maʃehu	מַשֶהוּ
nothing	klum	כּלוּם
who (pron.)	mi	מִי
someone	'miʃehu, 'miʃehi	מִישֶהוּ (ז), מִישֶהִי (נ)
somebody	'miʃehu, 'miʃehi	מִישֶהוּ (ז), מִישֶהִי (נ)
nobody	af eχad, af aχat	אַף אֶחָד (ז), אַף אַחַת (נ)
nowhere (a voyage to ~)	leʃum makom	לְשוּם מָקוֹם
nobody's	lo ʃayaχ le'af eχad	לֹא שַיָיך לְאַף אֶחָד
somebody's	ʃel 'miʃehu	שֶל מִישֶהוּ
so (I'm ~ glad)	kol kaχ	כָּל־כָּך
also (as well)	gam	גַם
too (as well)	gam	גַם

18. Function words. Adverbs. Part 2

Why?	ma'du'a?	מַדוּעַ?
for some reason	miʃum ma	מִשוּם־מָה
because ...	miʃum ʃe	מִשוּם שֶ
for some purpose	lematara 'kolʃehi	לְמַטָרָה כָּלשֶהִי
and	ve ...	וְ ...
or	o	אוֹ
but	aval, ulam	אֲבָל, אוּלָם
for (e.g. ~ me)	biʃvil	בִּשבִיל
too (excessively)	yoter midai	יוֹתֵר מִדַי
only (exclusively)	rak	רַק
exactly (adv)	bediyuk	בְּדִיוּק
about (more or less)	be''ereχ	בְּעֵרֶך
approximately (adv)	be''ereχ	בְּעֵרֶך
approximate (adj)	meʃo'ar	מְשוֹעָר
almost (adv)	kim'at	כִּמעַט
the rest	ʃe'ar	שְאָר (ז)

the other (second)	axer	אַחֵר
other (different)	axer	אַחֵר
each (adj)	kol	כֹּל
any (no matter which)	kolʃehu	כָּלשֶׁהוּ
many, much (a lot of)	harbe	הַרבֵּה
many people	harbe	הַרבֵּה
all (everyone)	kulam	כּוּלָם
in return for ...	tmurat ...	תמוּרַת ...
in exchange (adv)	bitmura	בִּתמוּרָה
by hand (made)	bayad	בַּיָד
hardly (negative opinion)	safek im	סָפֵק אִם
probably (adv)	karov levadai	קָרוֹב לְווַדַאי
on purpose (intentionally)	'davka	דַווקָא
by accident (adv)	bemikre	בְּמִקרֶה
very (adv)	me'od	מְאוֹד
for example (adv)	lemaʃal	לְמָשָל
between	bein	בֵּין
among	be'kerev	בְּקֶרֶב
so much (such a lot)	kol kax harbe	כָּל־כָּך הַרבֵּה
especially (adv)	bimyuxad	בִּמיוּחָד

Basic concepts. Part 2

19. Weekdays

Monday	yom ʃeni	יוֹם שֵׁנִי (ז)
Tuesday	yom ʃliʃi	יוֹם שלִישִׁי (ז)
Wednesday	yom reviʿi	יוֹם רְבִיעִי (ז)
Thursday	yom χamiʃi	יוֹם חֲמִישִׁי (ז)
Friday	yom ʃiʃi	יוֹם שִׁישִׁי (ז)
Saturday	ʃabat	שַׁבָּת (נ)
Sunday	yom riʃon	יוֹם רִאשׁוֹן (ז)
today (adv)	hayom	הַיוֹם
tomorrow (adv)	maχar	מָחָר
the day after tomorrow	maχara'tayim	מָחֳרָתַיִים
yesterday (adv)	etmol	אֶתמוֹל
the day before yesterday	ʃilʃom	שִׁלשוֹם
day	yom	יוֹם (ז)
working day	yom avoda	יוֹם עֲבוֹדָה (ז)
public holiday	yom χag	יוֹם חַג (ז)
day off	yom menuχa	יוֹם מְנוּחָה (ז)
weekend	sof ʃa'vuʿa	סוֹף שָׁבוּעַ
all day long	kol hayom	כָּל הַיוֹם
the next day (adv)	lamaχarat	לַמָחֳרָת
two days ago	lifnei yo'mayim	לִפנֵי יוֹמַיִים
the day before	'erev	עֶרֶב
daily (adj)	yomyomi	יוֹמיוֹמִי
every day (adv)	midei yom	מִדֵי יוֹם
week	ʃa'vua	שָׁבוּעַ (ז)
last week (adv)	baʃa'vuʿa ʃeʿavar	בַּשָׁבוּעַ שֶׁעָבַר
next week (adv)	baʃa'vuʿa haba	בַּשָׁבוּעַ הַבָּא
weekly (adj)	ʃvuʿi	שבוּעִי
every week (adv)	kol ʃa'vuʿa	כָּל שָׁבוּעַ
twice a week	paʿa'mayim beʃa'vuʿa	פַּעֲמַיִים בְּשָׁבוּעַ
every Tuesday	kol yom ʃliʃi	כָּל יוֹם שלִישִׁי

20. Hours. Day and night

morning	'boker	בּוֹקֶר (ז)
in the morning	ba'boker	בַּבּוֹקֶר
noon, midday	tsaha'rayim	צָהֳרַיִים (ז"ר)
in the afternoon	aχar hatsaha'rayim	אַחַר הַצָהֳרַיִים
evening	'erev	עֶרֶב (ז)
in the evening	ba'ʿerev	בָּעֶרֶב

night	'laila	לַילָה (ז)
at night	ba'laila	בַּלַילָה
midnight	χatsot	חֲצוֹת (נ)
second	ʃniya	שנִייָה (נ)
minute	daka	דַקָה (נ)
hour	ʃa'a	שָעָה (נ)
half an hour	χatsi ʃa'a	חֲצִי שָעָה (נ)
a quarter-hour	'reva ʃa'a	רֶבַע שָעָה (ז)
fifteen minutes	χameʃ esre dakot	חֲמֵש עֶשׂרֵה דַקוֹת
24 hours	yemama	יְמָמָה (נ)
sunrise	zriχa	זרִיחָה (נ)
dawn	'ʃaχar	שַחַר (ז)
early morning	'ʃaχar	שַחַר (ז)
sunset	ʃki'a	שקִיעָה (נ)
early in the morning	mukdam ba'boker	מוּקדָם בַּבּוֹקֶר
this morning	ha'boker	הַבּוֹקֶר
tomorrow morning	maχar ba'boker	מָחָר בַּבּוֹקֶר
this afternoon	hayom aχarei hatzaha'rayim	הַיוֹם אַחֲרֵי הַצָהֳרַיִים
in the afternoon	aχar hatsaha'rayim	אַחַר הַצָהֳרַיִים
tomorrow afternoon	maχar aχarei hatsaha'rayim	מָחָר אַחֲרֵי הַצָהֳרַיִים
tonight (this evening)	ha''erev	הָעֶרֶב
tomorrow night	maχar ba''erev	מָחָר בָּעֶרֶב
at 3 o'clock sharp	baʃa'a ʃaloʃ bediyuk	בְּשָעָה שָלוֹש בְּדִיוּק
about 4 o'clock	bisvivot arba	בִּסבִיבוֹת אַרבַּע
by 12 o'clock	ad ʃteim esre	עַד שתֵים־עֶשׂרֵה
in 20 minutes	be'od esrim dakot	בְּעוֹד עֶשׂרִים דַקוֹת
in an hour	be'od ʃa'a	בְּעוֹד שָעָה
on time (adv)	bazman	בַּזמַן
a quarter to …	'reva le…	רֶבַע לְ...
within an hour	toχ ʃa'a	תוֹך שָעָה
every 15 minutes	kol 'reva ʃa'a	כָּל רֶבַע שָעָה
round the clock	misaviv laʃa'on	מִסָבִיב לַשָעוֹן

21. Months. Seasons

January	'yanu'ar	יָנוּאָר (ז)
February	'febru'ar	פֶבּרוּאָר (ז)
March	merts	מֶרץ (ז)
April	april	אַפּרִיל (ז)
May	mai	מַאי (ז)
June	'yuni	יוּנִי (ז)
July	'yuli	יוּלִי (ז)
August	'ogust	אוֹגוּסט (ז)
September	sep'tember	סֶפּטֶמבֶּר (ז)
October	ok'tober	אוֹקטוֹבֶּר (ז)

November	no'vember	נוֹבֶמבֶּר (ז)
December	de'tsember	דֶצֶמבֶּר (ז)
spring	aviv	אָבִיב (ז)
in spring	ba'aviv	בָּאָבִיב
spring (as adj)	avivi	אֲבִיבִי
summer	'kayits	קַיִץ (ז)
in summer	ba'kayits	בַּקַיִץ
summer (as adj)	ketsi	קֵיצִי
autumn	stav	סתָיו (ז)
in autumn	bestav	בְּסתָיו
autumn (as adj)	stavi	סתָווִי
winter	'χoref	חוֹרֶף (ז)
in winter	ba'χoref	בַּחוֹרֶף
winter (as adj)	χorpi	חוֹרפִּי
month	'χodeʃ	חוֹדֶש (ז)
this month	ha'χodeʃ	הַחוֹדֶש
next month	ba'χodeʃ haba	בַּחוֹדֶש הַבָּא
last month	ba'χodeʃ ʃe'avar	בַּחוֹדֶש שֶעָבַר
a month ago	lifnei 'χodeʃ	לִפנֵי חוֹדֶש
in a month (a month later)	be'od 'χodeʃ	בְּעוֹד חוֹדֶש
in 2 months (2 months later)	be'od χod'ʃayim	בְּעוֹד חוֹדשַיִים
the whole month	kol ha'χodeʃ	כָּל הַחוֹדֶש
all month long	kol ha'χodeʃ	כָּל הַחוֹדֶש
monthly (~ magazine)	χodʃi	חוֹדשִי
monthly (adv)	χodʃit	חוֹדשִית
every month	kol 'χodeʃ	כָּל חוֹדֶש
twice a month	pa'a'mayim be'χodeʃ	פַּעֲמַיִים בְּחוֹדֶש
year	ʃana	שָנָה (נ)
this year	haʃana	הַשָנָה
next year	baʃana haba'a	בַּשָנָה הַבָּאָה
last year	baʃana ʃe'avra	בַּשָנָה שֶעָברָה
a year ago	lifnei ʃana	לִפנֵי שָנָה
in a year	be'od ʃana	בְּעוֹד שָנָה
in two years	be'od ʃna'tayim	בְּעוֹד שנָתַיִים
the whole year	kol haʃana	כָּל הַשָנָה
all year long	kol haʃana	כָּל הַשָנָה
every year	kol ʃana	כָּל שָנָה
annual (adj)	ʃnati	שנָתִי
annually (adv)	midei ʃana	מִדֵי שָנָה
4 times a year	arba pa'amim be'χodeʃ	אַרבַּע פְּעָמִים בְּחוֹדֶש
date (e.g. today's ~)	ta'ariχ	תַאֲרִיך (ז)
date (e.g. ~ of birth)	ta'ariχ	תַאֲרִיך (ז)
calendar	'luaχ ʃana	לוּחַ שָנָה (ז)
half a year	χatsi ʃana	חֲצִי שָנָה (ז)
six months	ʃiʃa χodaʃim, χatsi ʃana	חֲצִי שָנָה, שִישָה חוֹדָשִים

season (summer, etc.)	ona	עוֹנָה (נ)
century	'me'a	מֵאָה (נ)

22. Units of measurement

weight	miʃkal	מִשקָל (ז)
length	'oreχ	אוֹרֶך (ז)
width	'roχav	רוֹחַב (ז)
height	'gova	גוֹבַה (ז)
depth	'omek	עוֹמֶק (ז)
volume	'nefaχ	נֶפַח (ז)
area	'ʃetaχ	שֶטַח (ז)
gram	gram	גרָם (ז)
milligram	miligram	מִילִיגרָם (ז)
kilogram	kilogram	קִילוֹגרָם (ז)
ton	ton	טוֹן (ז)
pound	'pa'und	פָאוּנד (ז)
ounce	'unkiya	אוּנקִיָה (נ)
metre	'meter	מֶטֶר (ז)
millimetre	mili'meter	מִילִימֶטֶר (ז)
centimetre	senti'meter	סֶנטִימֶטֶר (ז)
kilometre	kilo'meter	קִילוֹמֶטֶר (ז)
mile	mail	מַייל (ז)
inch	intʃ	אִינץ' (ז)
foot	'regel	רֶגֶל (נ)
yard	yard	יַרד (ז)
square metre	'meter ra'vu'a	מֶטֶר רָבוּעַ (ז)
hectare	hektar	הֶקטָר (ז)
litre	litr	לִיטר (ז)
degree	ma'ala	מַעֲלָה (נ)
volt	volt	ווֹלט (ז)
ampere	amper	אַמפֶר (ז)
horsepower	'koaχ sus	כּוֹחַ סוּס (ז)
quantity	kamut	כַּמוּת (נ)
a little bit of ...	ktsat ...	קְצָת ...
half	'χetsi	חֵצִי (ז)
dozen	tresar	תרֵיסָר (ז)
piece (item)	yeχida	יְחִידָה (נ)
size	'godel	גוֹדֶל (ז)
scale (map ~)	kne mida	קְנֵה מִידָה (ז)
minimal (adj)	mini'mali	מִינִימָאלִי
the smallest (adj)	hakatan beyoter	הַקָטָן בְּיוֹתֵר
medium (adj)	memutsa	מְמוּצָע
maximal (adj)	maksi'mali	מַקסִימָלִי
the largest (adj)	hagadol beyoter	הַגָדוֹל בְּיוֹתֵר

23. Containers

canning jar (glass ~)	tsin'tsenet	צִנצֶנֶת (נ)
tin, can	paχit	פַּחִית (נ)
bucket	dli	דלִי (ז)
barrel	χavit	חָבִית (נ)
wash basin (e.g., plastic ~)	gigit	גִיגִית (נ)
tank (100L water ~)	meiχal	מֵיכָל (ז)
hip flask	meimiya	מֵימִייָה (נ)
jerrycan	'dʒerikan	ג'רִיקָן (ז)
tank (e.g., tank car)	meχalit	מֵיכָלִית (נ)
mug	'sefel	סֵפֶל (ז)
cup (of coffee, etc.)	'sefel	סֵפֶל (ז)
saucer	taχtit	תַחתִית (נ)
glass (tumbler)	kos	כּוֹס (נ)
wine glass	ga'viʿa	גָבִיעַ (ז)
stock pot (soup pot)	sir	סִיר (ז)
bottle (~ of wine)	bakbuk	בַּקבּוּק (ז)
neck (of the bottle, etc.)	tsavar habakbuk	צַוואר הַבַּקבּוּק (ז)
carafe (decanter)	kad	כַּד (ז)
pitcher	kankan	קַנקַן (ז)
vessel (container)	kli	כּלִי (ז)
pot (crock, stoneware ~)	sir 'χeres	סִיר חֶרֶס (ז)
vase	agartal	אֲגַרטָל (ז)
flacon, bottle (perfume ~)	tsloχit	צלוֹחִית (נ)
vial, small bottle	bakbukon	בַּקבּוּקוֹן (ז)
tube (of toothpaste)	ʃfo'feret	שפוֹפֶרֶת (נ)
sack (bag)	sak	שַׂק (ז)
bag (paper ~, plastic ~)	sakit	שַׂקִית (נ)
packet (of cigarettes, etc.)	χafisa	חֲפִיסָה (נ)
box (e.g. shoebox)	kufsa	קוּפסָה (נ)
crate	argaz	אַרגָז (ז)
basket	sal	סַל (ז)

HUMAN BEING

Human being. The body

24. Head

head	roʃ	רֹאשׁ (ז)
face	panim	פָּנִים (ז"ר)
nose	af	אַף (ז)
mouth	pe	פֶּה (ז)
eye	'ayin	עַיִן (נ)
eyes	ei'nayim	עֵינַיִים (נ"ר)
pupil	iʃon	אִישׁוֹן (ז)
eyebrow	gaba	גַּבָּה (נ)
eyelash	ris	רִיס (ז)
eyelid	afʿaf	עַפעַף (ז)
tongue	laʃon	לָשׁוֹן (נ)
tooth	ʃen	שֵׁן (נ)
lips	sfa'tayim	שׂפָתַיִים (נ"ר)
cheekbones	atsamot leχa'yayim	עַצמוֹת לְחָיַיִם (נ"ר)
gum	χani'χayim	חֲנִיכַיִים (ז"ר)
palate	χeχ	חֵך (ז)
nostrils	neχi'rayim	נְחִירַיִים (ז"ר)
chin	santer	סַנטֵר (ז)
jaw	'leset	לֶסֶת (נ)
cheek	'leχi	לֶחִי (נ)
forehead	'metsaχ	מֵצַח (ז)
temple	raka	רַקָּה (נ)
ear	'ozen	אוֹזֶן (נ)
back of the head	'oref	עוֹרֶף (ז)
neck	tsavar	צַוָואר (ז)
throat	garon	גָּרוֹן (ז)
hair	seʿar	שֵׂיעָר (ז)
hairstyle	tis'roket	תִסרוֹקֶת (נ)
haircut	tis'poret	תִספּוֹרֶת (נ)
wig	peʾa	פֵּאָה (נ)
moustache	safam	שָׂפָם (ז)
beard	zakan	זָקָן (ז)
to have (a beard, etc.)	legadel	לְגַדֵל
plait	tsama	צַמָּה (נ)
sideboards	peʾot leχa'yayim	פֵּאוֹת לְחָיַיִם (נ"ר)
red-haired (adj)	'dʒindʒi	ג'ינג'י
grey (hair)	kasuf	כָּסוּף

bald (adj)	ke'reaχ	קֵירֵחַ
bald patch	ka'raχat	קָרַחַת (נ)
ponytail	'kuku	קוּקוּ (ז)
fringe	'poni	פּוֹנִי (ז)

25. Human body

hand	kaf yad	כַּף יָד (נ)
arm	yad	יָד (נ)
finger	'etsba	אֶצבַּע (נ)
toe	'bohen	בּוֹהֶן (נ)
thumb	agudal	אֲגוּדָל (ז)
little finger	'zeret	זֶרֶת (נ)
nail	tsi'poren	צִיפּוֹרֶן (ז)
fist	egrof	אֶגרוֹף (ז)
palm	kaf yad	כַּף יָד (נ)
wrist	'ʃoreʃ kaf hayad	שׁוֹרֶשׁ כַּף הַיָד (ז)
forearm	ama	אַמָה (ז)
elbow	marpek	מַרפֵּק (ז)
shoulder	katef	כָּתֵף (נ)
leg	'regel	רֶגֶל (נ)
foot	kaf 'regel	כַּף רֶגֶל (נ)
knee	'bereχ	בֶּרֶך (נ)
calf	ʃok	שׁוֹק (ז)
hip	yareχ	יָרֵך (ז)
heel	akev	עָקֵב (ז)
body	guf	גוּף (ז)
stomach	'beten	בֶּטֶן (נ)
chest	χaze	חָזֶה (ז)
breast	ʃad	שָׁד (ז)
flank	tsad	צַד (ז)
back	gav	גַב (ז)
lower back	mot'nayim	מוֹתנַיִים (ז"ר)
waist	'talya	טַליָה (נ)
navel (belly button)	tabur	טַבּוּר (ז)
buttocks	aχo'rayim	אֲחוֹרַיִים (ז"ר)
bottom	yaʃvan	יַשׁבָן (ז)
beauty spot	nekudat χen	נְקוּדַת חֵן (נ)
birthmark (café au lait spot)	'ketem leida	כֶּתֶם לֵידָה (ז)
tattoo	kaʿa'kuʿa	קַעֲקוּעַ (ז)
scar	tsa'leket	צַלֶקֶת (נ)

Clothing & Accessories

26. Outerwear. Coats

clothes	bgadim	בְּגָדִים (ז"ר)
outerwear	levuʃ elyon	לְבוּשׁ עֶלְיוֹן (ז)
winter clothing	bigdei 'χoref	בִּגְדֵי חוֹרֶף (ז"ר)
coat (overcoat)	meʿil	מְעִיל (ז)
fur coat	meʿil parva	מְעִיל פַּרווָה (ז)
fur jacket	meʿil parva katsar	מְעִיל פַּרווָה קָצָר (ז)
down coat	meʿil puχ	מְעִיל פּוּך (ז)
jacket (e.g. leather ~)	meʿil katsar	מְעִיל קָצָר (ז)
raincoat (trenchcoat, etc.)	meʿil 'geʃem	מְעִיל גֶשֶׁם (ז)
waterproof (adj)	amid be'mayim	עָמִיד בְּמַיִם

27. Men's & women's clothing

shirt (button shirt)	χultsa	חוּלצָה (נ)
trousers	miχna'sayim	מִכְנָסַיִים (ז"ר)
jeans	miχnesei 'dʒins	מִכְנְסֵי ג'ינְס (ז"ר)
suit jacket	ʒaket	זָ'קֶט (ז)
suit	χalifa	חֲלִיפָה (נ)
dress (frock)	simla	שִׂמלָה (נ)
skirt	χatsa'it	חֲצָאִית (נ)
blouse	χultsa	חוּלצָה (נ)
knitted jacket (cardigan, etc.)	ʒaket 'tsemer	זָ'קֶט צֶמֶר (ז)
jacket (of a woman's suit)	ʒaket	זָ'קֶט (ז)
T-shirt	ti ʃert	טִי שֶׁרט (ז)
shorts (short trousers)	miχna'sayim ktsarim	מִכְנָסַיִים קְצָרִים (ז"ר)
tracksuit	'trening	טרֶנִינג (ז)
bathrobe	χaluk raχatsa	חָלוּק רַחְצָה (ז)
pyjamas	pi'dʒama	פִּיגָ'מָה (נ)
jumper (sweater)	'sveder	סְוֶודֶר (ז)
pullover	afuda	אֲפוּדָה (נ)
waistcoat	vest	וֶסט (ז)
tailcoat	frak	פרָאק (ז)
dinner suit	tuk'sido	טוּקסִידוֹ (ז)
uniform	madim	מַדִים (ז"ר)
workwear	bigdei avoda	בִּגדֵי עֲבוֹדָה (ז"ר)
boiler suit	sarbal	סַרבָּל (ז)
coat (e.g. doctor's smock)	χaluk	חָלוּק (ז)

28. Clothing. Underwear

underwear	levanim	לְבָנִים (ז"ר)
pants	taχtonim	תַחתוֹנִים (ז"ר)
panties	taχtonim	תַחתוֹנִים (ז"ר)
vest (singlet)	gufiya	גוּפִייָה (נ)
socks	gar'bayim	גַרבַּיִים (ז"ר)
nightdress	'ktonet 'laila	כּתוֹנֶת לַילָה (נ)
bra	χaziya	חֲזִייָה (נ)
knee highs (knee-high socks)	birkon	בִּרכּוֹן (ז)
tights	garbonim	גַרבּוֹנִים (ז"ר)
stockings (hold ups)	garbei 'nailon	גַרבֵּי נַילוֹן (ז"ר)
swimsuit, bikini	'beged yam	בֶּגֶד יָם (ז)

29. Headwear

hat	'kova	כּוֹבַע (ז)
trilby hat	'kova 'leved	כּוֹבַע לֶבֶד (ז)
baseball cap	'kova 'beisbol	כּוֹבַע בֵּייסבּוֹל (ז)
flatcap	'kova mitsχiya	כּוֹבַע מִצחִייָה (ז)
beret	baret	בָּרֶט (ז)
hood	bardas	בַּרדָס (ז)
panama hat	'kova 'tembel	כּוֹבַע טֶמבֶּל (ז)
knit cap (knitted hat)	'kova 'gerev	כּוֹבַע גֶרֶב (ז)
headscarf	mit'paχat	מִטפַּחַת (נ)
women's hat	'kova	כּוֹבַע (ז)
hard hat	kasda	קַסדָה (נ)
forage cap	kumta	כּוּמתָה (נ)
helmet	kasda	קַסדָה (נ)
bowler	mig'ba'at me'u'gelet	מִגבַּעַת מְעוּגֶלֶת (נ)
top hat	tsi'linder	צִילִינדֶר (ז)

30. Footwear

footwear	han'ala	הַנְעָלָה (נ)
shoes (men's shoes)	na'a'layim	נַעֲלַיִים (נ"ר)
shoes (women's shoes)	na'a'layim	נַעֲלַיִים (נ"ר)
boots (e.g., cowboy ~)	maga'fayim	מַגָפַיִים (ז"ר)
carpet slippers	na'alei 'bayit	נַעֲלֵי בַּיִת (נ"ר)
trainers	na'alei sport	נַעֲלֵי ספּוֹרט (נ"ר)
trainers	na'alei sport	נַעֲלֵי ספּוֹרט (נ"ר)
sandals	sandalim	סַנדָלִים (ז"ר)
cobbler (shoe repairer)	sandlar	סַנדלָר (ז)
heel	akev	עָקֵב (ז)

pair (of shoes)	zug	זוג (ז)
lace (shoelace)	sroχ	שׂרוֹך (ז)
to lace up (vt)	lisroχ	לִשׂרוֹך
shoehorn	kaf na'a'layim	כַּף נַעֲלַיִים (נ)
shoe polish	miʃχat na'a'layim	מִשחַת נַעֲלַיִים (נ)

31. Personal accessories

gloves	kfafot	כְּפָפוֹת (נ"ר)
mittens	kfafot	כְּפָפוֹת (נ"ר)
scarf (muffler)	tsa'if	צָעִיף (ז)
glasses	miʃka'fayim	מִשקָפַיִים (ז"ר)
frame (eyeglass ~)	mis'geret	מִסגֶרֶת (נ)
umbrella	mitriya	מִטרִייָה (נ)
walking stick	makel haliχa	מַקֵל הֲלִיכָה (ז)
hairbrush	miv'reʃet se'ar	מִברֶשֶת שֵׂיעָר (נ)
fan	menifa	מְנִיפָה (נ)
tie (necktie)	aniva	עֲנִיבָה (נ)
bow tie	anivat parpar	עֲנִיבַת פַּרפַּר (נ)
braces	ktefiyot	כְּתֵפִיוֹת (נ"ר)
handkerchief	mimχata	מִמחָטָה (נ)
comb	masrek	מַסרֵק (ז)
hair slide	sikat roʃ	סִיכַּת רֹאש (נ)
hairpin	sikat se'ar	סִיכַּת שֵׂעָר (נ)
buckle	avzam	אַבזָם (ז)
belt	χagora	חֲגוֹרָה (נ)
shoulder strap	retsu'at katef	רְצוּעַת כָּתֵף (נ)
bag (handbag)	tik	תִיק (ז)
handbag	tik	תִיק (ז)
rucksack	tarmil	תַרמִיל (ז)

32. Clothing. Miscellaneous

fashion	ofna	אוֹפנָה (נ)
in vogue (adj)	ofnati	אוֹפנָתִי
fashion designer	me'atsev ofna	מְעַצֵב אוֹפנָה (ז)
collar	tsavaron	צַוָוארוֹן (ז)
pocket	kis	כִּיס (ז)
pocket (as adj)	ʃel kis	שֶל כִּיס
sleeve	ʃarvul	שַרווּל (ז)
hanging loop	mitle	מִתלֶה (ז)
flies (on trousers)	χanut	חֲנוּת (נ)
zip (fastener)	roχsan	רוֹכסָן (ז)
fastener	'keres	קֶרֶס (ז)
button	kaftor	כַּפתוֹר (ז)

buttonhole	lula'a	לוּלָאָה (נ)
to come off (ab. button)	lehitaleʃ	לְהִיתָלֵשׁ
to sew (vi, vt)	litpor	לִתפּוֹר
to embroider (vi, vt)	lirkom	לִרקוֹם
embroidery	rikma	רִקמָה (נ)
sewing needle	'maχat tfira	מַחַט תפִירָה (נ)
thread	χut	חוּט (ז)
seam	'tefer	תֶפֶר (ז)
to get dirty (vi)	lehitlaχleχ	לְהִתלַכלֵך
stain (mark, spot)	'ketem	כֶּתֶם (ז)
to crease, to crumple	lehitkamet	לְהִתקַמֵט
to tear, to rip (vt)	lik'ro'a	לִקרוֹעַ
clothes moth	aʃ	עָשׁ (ז)

33. Personal care. Cosmetics

toothpaste	miʃχat ʃi'nayim	מִשחַת שִינַיִים (נ)
toothbrush	miv'reʃet ʃi'nayim	מִברֶשֶת שִינַיִים (נ)
to clean one's teeth	letsaχ'tseaχ ʃi'nayim	לְצַחצֵחַ שִינַיִים
razor	'ta'ar	תַעַר (ז)
shaving cream	'ketsef gi'luaχ	קֶצֶף גִילוּחַ (ז)
to shave (vi)	lehitga'leaχ	לְהִתגַלֵחַ
soap	sabon	סַבּוֹן (ז)
shampoo	ʃampu	שַמפּוּ (ז)
scissors	mispa'rayim	מִספָּרַיִים (ז"ר)
nail file	ptsira	פְּצִירָה (נ)
nail clippers	gozez tsipor'nayim	גוֹזֵז צִיפּוֹרנַיִים (ז)
tweezers	pin'tseta	פִּינצֶטָה (נ)
cosmetics	tamrukim	תַמרוּקִים (ז"ר)
face mask	maseχa	מַסֵכָה (נ)
manicure	manikur	מָנִיקוּר (ז)
to have a manicure	la'asot manikur	לַעֲשׂוֹת מָנִיקוּר
pedicure	pedikur	פֶּדִיקוּר (ז)
make-up bag	tik ipur	תִיק אִיפּוּר (ז)
face powder	'pudra	פּוּדרָה (נ)
powder compact	pudriya	פּוּדרִייָה (נ)
blusher	'somek	סוֹמֶק (ז)
perfume (bottled)	'bosem	בּוֹשֶׂם (ז)
toilet water (lotion)	mei 'bosem	מֵי בּוֹשֶׂם (ז"ר)
lotion	mei panim	מֵי פָּנִים (ז"ר)
cologne	mei 'bosem	מֵי בּוֹשֶׂם (ז"ר)
eyeshadow	tslalit	צְלָלִית (נ)
eyeliner	ai 'lainer	אַי לַיינֶר (ז)
mascara	'maskara	מַסקָרָה (נ)
lipstick	sfaton	שְׂפָתוֹן (ז)

nail polish	'laka letsipor'nayim	לַכָּה לְצִיפּוֹרנַיִים (נ)
hair spray	tarsis lese'ar	תַרסִיס לְשֵׂיעָר (ז)
deodorant	de'odo'rant	דֶאוֹדוֹרַנט (ז)
cream	krem	קרֶם (ז)
face cream	krem panim	קרֶם פָּנִים (ז)
hand cream	krem ya'dayim	קרֶם יָדַיִים (ז)
anti-wrinkle cream	krem 'neged kmatim	קרֶם נֶגֶד קמָטִים (ז)
day cream	krem yom	קרֶם יוֹם (ז)
night cream	krem 'laila	קרֶם לַילָה (ז)
day (as adj)	yomi	יוֹמִי
night (as adj)	leili	לֵילִי
tampon	tampon	טַמפּוֹן (ז)
toilet paper (toilet roll)	neyar tu'alet	נְיַיר טוּאָלֶט (ז)
hair dryer	meyabeʃ se'ar	מְייַבֵּש שֵׂיעָר (ז)

34. Watches. Clocks

watch (wristwatch)	ʃe'on yad	שְעוֹן יָד (ז)
dial	'luaχ ʃa'on	לוּחַ שָעוֹן (ז)
hand (clock, watch)	maχog	מָחוֹג (ז)
metal bracelet	tsamid	צָמִיד (ז)
watch strap	retsu'a leʃa'on	רְצוּעָה לְשָעוֹן (נ)
battery	solela	סוֹלְלָה (נ)
to be flat (battery)	lehitroken	לְהִתרוֹקֵן
to change a battery	lehaχlif	לְהַחלִיף
to run fast	lemaher	לְמַהֵר
to run slow	lefager	לְפַגֵר
wall clock	ʃe'on kir	שְעוֹן קִיר (ז)
hourglass	ʃe'on χol	שְעוֹן חוֹל (ז)
sundial	ʃe'on 'ʃemeʃ	שְעוֹן שֶמֶש (ז)
alarm clock	ʃa'on me'orer	שָעוֹן מְעוֹרֵר (ז)
watchmaker	ʃa'an	שָעָן (ז)
to repair (vt)	letaken	לְתַקֵן

Food. Nutricion

35. Food

meat	basar	בָּשָׂר (ז)
chicken	of	עוֹף (ז)
poussin	pargit	פַּרגִית (נ)
duck	barvaz	בַּרווָז (ז)
goose	avaz	אַווָז (ז)
game	'tsayid	צַיִד (ז)
turkey	'hodu	הוֹדוּ (ז)
pork	basar χazir	בְּשַׂר חֲזִיר (ז)
veal	basar 'egel	בְּשַׂר עֵגֶל (ז)
lamb	basar 'keves	בְּשַׂר כֶּבֶשׂ (ז)
beef	bakar	בָּקָר (ז)
rabbit	arnav	אַרנָב (ז)
sausage (bologna, etc.)	naknik	נַקנִיק (ז)
vienna sausage (frankfurter)	naknikiya	נַקנִיקִייָה (נ)
bacon	'kotel χazir	קוֹתֶל חֲזִיר (ז)
ham	basar χazir meʿuʃan	בְּשַׂר חֲזִיר מְעוּשָׁן (ז)
gammon	'kotel χazir meʿuʃan	קוֹתֶל חֲזִיר מְעוּשָׁן (ז)
pâté	pate	פָּטֶה (ז)
liver	kaved	כָּבֵד (ז)
mince (minced meat)	basar taχun	בָּשָׂר טָחוּן (ז)
tongue	laʃon	לָשׁוֹן (נ)
egg	beitsa	בֵּיצָה (נ)
eggs	beitsim	בֵּיצִים (נ"ר)
egg white	χelbon	חֶלבּוֹן (ז)
egg yolk	χelmon	חֶלמוֹן (ז)
fish	dag	דָג (ז)
seafood	perot yam	פֵּירוֹת יָם (ז"ר)
crustaceans	sartana'im	סַרטָנָאִים (ז"ר)
caviar	kavyar	קַווִיָאר (ז)
crab	sartan yam	סַרטַן יָם (ז)
prawn	ʃrimps	שרִימפְּס (ז"ר)
oyster	tsidpat ma'aχal	צִדפַּת מַאֲכָל (נ)
spiny lobster	'lobster kotsani	לוֹבּסטֶר קוֹצָנִי (ז)
octopus	tamnun	תְמָנוּן (ז)
squid	kala'mari	קָלָמָארִי (ז)
sturgeon	basar haχidkan	בְּשַׂר הַחִדקָן (ז)
salmon	'salmon	סָלמוֹן (ז)
halibut	putit	פּוּטִית (נ)
cod	ʃibut	שִׁיבּוּט (ז)

mackerel	kolyas	קוֹליָיס (ז)
tuna	'tuna	טוּנָה (נ)
eel	tslofaχ	צלוֹפָח (ז)
trout	forel	פוֹרֶל (ז)
sardine	sardin	סַרדִין (ז)
pike	ze᾿ev 'mayim	זְאֵב מַיִם (ז)
herring	ma'liaχ	מָלִיחַ (ז)
bread	'leχem	לֶחֶם (ז)
cheese	gvina	גבִינָה (נ)
sugar	sukar	סוּכָּר (ז)
salt	'melaχ	מֶלַח (ז)
rice	'orez	אוֹרֶז (ז)
pasta (macaroni)	'pasta	פַּסטָה (נ)
noodles	irtiyot	אִטרִיוֹת (נ"ר)
butter	χem᾿a	חֶמאָה (נ)
vegetable oil	'ʃemen tsimχi	שֶמֶן צִמחִי (ז)
sunflower oil	'ʃemen χamaniyot	שֶמֶן חַמָנִיוֹת (ז)
margarine	marga'rina	מַרגָרִינָה (נ)
olives	zeitim	זֵיתִים (ז"ר)
olive oil	'ʃemen 'zayit	שֶמֶן זַיִת (ז)
milk	χalav	חָלָב (ז)
condensed milk	χalav merukaz	חָלָב מְרוּכָּז (ז)
yogurt	'yogurt	יוֹגוּרט (ז)
soured cream	ʃa'menet	שַמֶנֶת (נ)
cream (of milk)	ʃa'menet	שַמֶנֶת (נ)
mayonnaise	mayonez	מָיוֹנֵז (ז)
buttercream	ka'tsefet χem᾿a	קַצֶפֶת חֶמאָה (נ)
groats (barley ~, etc.)	grisim	גרִיסִים (ז"ר)
flour	'kemaχ	קֶמַח (ז)
tinned food	ʃimurim	שִימוּרִים (ז"ר)
cornflakes	ptitei 'tiras	פתִיתֵי תִירָס (ז"ר)
honey	dvaʃ	דבַש (ז)
jam	riba	רִיבָּה (נ)
chewing gum	'mastik	מַסטִיק (ז)

36. Drinks

water	'mayim	מַיִם (ז"ר)
drinking water	mei ʃtiya	מֵי שתִייָה (ז"ר)
mineral water	'mayim mine'raliyim	מַיִם מִינֶרָלִיִים (ז"ר)
still (adj)	lo mugaz	לא מוּגָז
carbonated (adj)	mugaz	מוּגָז
sparkling (adj)	mugaz	מוּגָז
ice	'keraχ	קֶרַח (ז)

with ice	im 'keraχ	עִם קֶרַח
non-alcoholic (adj)	natul alkohol	נָטוּל אַלכּוֹהוֹל
soft drink	maʃke kal	מַשקֶה קַל (ז)
refreshing drink	maʃke meraʿanen	מַשקֶה מְרַעֲנֵן (ז)
lemonade	limo'nada	לִימוֹנָדָה (נ)
spirits	maʃka'ot χarifim	מַשקָאוֹת חֲרִיפִים (ז"ר)
wine	'yayin	יַיִן (ז)
white wine	'yayin lavan	יַיִן לָבָן (ז)
red wine	'yayin adom	יַיִן אָדוֹם (ז)
liqueur	liker	לִיקֶר (ז)
champagne	ʃam'panya	שַמפַּניָה (נ)
vermouth	'vermut	וֶרמוּט (ז)
whisky	'viski	וִיסקִי (ז)
vodka	'vodka	וודקָה (נ)
gin	ʤin	ג'ִין (ז)
cognac	'konyak	קוֹניָאק (ז)
rum	rom	רוֹם (ז)
coffee	kafe	קָפֶה (ז)
black coffee	kafe ʃaχor	קָפֶה שָחוֹר (ז)
white coffee	kafe hafuχ	קָפֶה הָפוּך (ז)
cappuccino	kapu'ʧino	קָפּוּצִ'ינוֹ (ז)
instant coffee	kafe names	קָפֶה נָמֵס (ז)
milk	χalav	חָלָב (ז)
cocktail	kokteil	קוֹקטֵיל (ז)
milkshake	'milkʃeik	מִילקשֵייק (ז)
juice	miʦ	מִיץ (ז)
tomato juice	miʦ agvaniyot	מִיץ עַגבָנִיוֹת (ז)
orange juice	miʦ tapuzim	מִיץ תַפּוּזִים (ז)
freshly squeezed juice	miʦ saχut	מִיץ סָחוּט (ז)
beer	'bira	בִּירָה (נ)
lager	'bira bahira	בִּירָה בָּהִירָה (נ)
bitter	'bira keha	בִּירָה כֵּהָה (נ)
tea	te	תֵה (ז)
black tea	te ʃaχor	תֵה שָחוֹר (ז)
green tea	te yarok	תֵה יָרוֹק (ז)

37. Vegetables

vegetables	yerakot	יְרָקוֹת (ז"ר)
greens	'yerek	יֶרֶק (ז)
tomato	agvaniya	עַגבָנִייָה (נ)
cucumber	melafefon	מְלָפְפוֹן (ז)
carrot	'gezer	גֶזֶר (ז)
potato	ta'puaχ adama	תַפּוּחַ אֲדָמָה (ז)
onion	baʦal	בָּצָל (ז)

garlic	ʃum	שׁוּם (ז)
cabbage	kruv	כְּרוּב (ז)
cauliflower	kruvit	כְּרוּבִית (נ)
Brussels sprouts	kruv nitsanim	כְּרוּב נִצָּנִים (ז)
broccoli	'brokoli	בְּרוֹקוֹלִי (ז)
beetroot	'selek	סֶלֶק (ז)
aubergine	χatsil	חָצִיל (ז)
courgette	kiʃu	קִישׁוּא (ז)
pumpkin	'dla'at	דְּלַעַת (נ)
turnip	'lefet	לֶפֶת (נ)
parsley	petro'zilya	פֶּטרוֹזִילְיָה (נ)
dill	ʃamir	שָׁמִיר (ז)
lettuce	'χasa	חַסָּה (נ)
celery	'seleri	סֶלֶרִי (ז)
asparagus	aspa'ragos	אַסְפָּרָגוֹס (ז)
spinach	'tered	תֶּרֶד (ז)
pea	afuna	אֲפוּנָה (נ)
beans	pol	פּוֹל (ז)
maize	'tiras	תִּירָס (ז)
kidney bean	ʃu'it	שְׁעוּעִית (נ)
sweet paper	'pilpel	פִּלְפֵּל (ז)
radish	tsnonit	צְנוֹנִית (נ)
artichoke	artiʃok	אַרְטִישׁוֹק (ז)

38. Fruits. Nuts

fruit	pri	פְּרִי (ז)
apple	ta'puaχ	תַּפּוּחַ (ז)
pear	agas	אַגָּס (ז)
lemon	limon	לִימוֹן (ז)
orange	tapuz	תַּפּוּז (ז)
strawberry (garden ~)	tut sade	תּוּת שָׂדֶה (ז)
tangerine	klemen'tina	קְלֶמֶנְטִינָה (נ)
plum	ʃezif	שְׁזִיף (ז)
peach	afarsek	אֲפַרְסֵק (ז)
apricot	'miʃmeʃ	מִשְׁמֵשׁ (ז)
raspberry	'petel	פֶּטֶל (ז)
pineapple	'ananas	אֲנָנָס (ז)
banana	ba'nana	בָּנָנָה (נ)
watermelon	ava'tiaχ	אֲבַטִּיחַ (ז)
grape	anavim	עֲנָבִים (ז"ר)
sour cherry	duvdevan	דּוּבְדְּבָן (ז)
sweet cherry	gudgedan	גּוּדְגְּדָן (ז)
melon	melon	מֶלוֹן (ז)
grapefruit	eʃkolit	אֶשְׁכּוֹלִית (נ)
avocado	avo'kado	אָבוֹקָדוֹ (ז)
papaya	pa'paya	פַּפָּאיָה (נ)

mango	'mango	מַנגוֹ (ז)
pomegranate	rimon	רִימוֹן (ז)
redcurrant	dumdemanit aduma	דומדְמָנִית אֲדוּמָה (נ)
blackcurrant	dumdemanit ʃxora	דומדְמָנִית שחוֹרָה (נ)
gooseberry	χazarzar	חֲזַרזַר (ז)
bilberry	uχmanit	אוּכמָנִית (נ)
blackberry	'petel ʃaχor	פֶּטֶל שָחוֹר (ז)
raisin	ʦimukim	צִימוּקִים (ז"ר)
fig	te'ena	תְאֵנָה (נ)
date	tamar	תָמָר (ז)
peanut	botnim	בּוֹטנִים (ז"ר)
almond	ʃaked	שָקֵד (ז)
walnut	egoz 'meleχ	אֱגוֹז מֶלֶך (ז)
hazelnut	egoz ilsar	אֱגוֹז אִלסָר (ז)
coconut	'kokus	קוֹקוּס (ז)
pistachios	'fistuk	פִיסטוּק (ז)

39. Bread. Sweets

bakers' confectionery (pastry)	muʦrei kondi'torya	מוּצרֵי קוֹנדִיטוֹרְיָה (ז"ר)
bread	'leχem	לֶחֶם (ז)
biscuits	ugiya	עוּגִיָה (נ)
chocolate (n)	'ʃokolad	שוֹקוֹלָד (ז)
chocolate (as adj)	mi'ʃokolad	מְשוֹקוֹלָד
candy (wrapped)	sukariya	סוּכָּרִייָה (נ)
cake (e.g. cupcake)	uga	עוּגָה (נ)
cake (e.g. birthday ~)	uga	עוּגָה (נ)
pie (e.g. apple ~)	pai	פַּאי (ז)
filling (for cake, pie)	milui	מִילוּי (ז)
jam (whole fruit jam)	riba	רִיבָּה (נ)
marmalade	marme'lada	מַרמֶלָדָה (נ)
wafers	'vaflim	וַפלִים (ז"ר)
ice-cream	'glida	גלִידָה (נ)
pudding (Christmas ~)	'puding	פּוּדִינג (ז)

40. Cooked dishes

course, dish	mana	מָנָה (נ)
cuisine	mitbaχ	מִטבָּח (ז)
recipe	matkon	מַתכּוֹן (ז)
portion	mana	מָנָה (נ)
salad	salat	סָלָט (ז)
soup	marak	מָרָק (ז)
clear soup (broth)	marak ʦaχ, ʦir	מָרָק צַח, צִיר (ז)
sandwich (bread)	kariχ	כָּרִיך (ז)

fried eggs	beitsat ain	בֵּיצַת עַיִן (נ)
hamburger (beefburger)	'hamburger	הַמבּוּרגֶר (ז)
beefsteak	umtsa, steik	אוּמצָה (נ), סטֵייק (ז)
side dish	to'sefet	תוֹסֶפֶת (נ)
spaghetti	spa'geti	ספָּגֶטִי (ז)
mash	meχit tapuχei adama	מְחִית תַפּוּחֵי אֲדָמָה (נ)
pizza	'pitsa	פִּיצָה (נ)
porridge (oatmeal, etc.)	daysa	דַייסָה (נ)
omelette	χavita	חֲבִיתָה (נ)
boiled (e.g. ~ beef)	mevuʃal	מְבוּשָל
smoked (adj)	me'uʃan	מְעוּשָן
fried (adj)	metugan	מְטוּגָן
dried (adj)	meyubaʃ	מְיוּבָּש
frozen (adj)	kafu	קָפוּא
pickled (adj)	kavuʃ	כָּבוּש
sweet (sugary)	matok	מָתוֹק
salty (adj)	ma'luaχ	מָלוּחַ
cold (adj)	kar	קַר
hot (adj)	χam	חַם
bitter (adj)	marir	מָרִיר
tasty (adj)	ta'im	טָעִים
to cook in boiling water	levaʃel be'mayim rotχim	לְבַשֵל בְּמַיִם רוֹתחִים
to cook (dinner)	levaʃel	לְבַשֵל
to fry (vt)	letagen	לְטַגֵן
to heat up (food)	leχamem	לְחַמֵם
to salt (vt)	leham'liaχ	לְהַמלִיחַ
to pepper (vt)	lefalpel	לְפַלפֵּל
to grate (vt)	lerasek	לְרַסֵק
peel (n)	klipa	קלִיפָּה (נ)
to peel (vt)	lekalef	לְקַלֵף

41. Spices

salt	'melaχ	מֶלַח (ז)
salty (adj)	ma'luaχ	מָלוּחַ
to salt (vt)	leham'liaχ	לְהַמלִיחַ
black pepper	'pilpel ʃaχor	פִּלפֵּל שָחוֹר (ז)
red pepper (milled ~)	'pilpel adom	פִּלפֵּל אָדוֹם (ז)
mustard	χardal	חַרדָל (ז)
horseradish	χa'zeret	חֲזֶרֶת (נ)
condiment	'rotev	רוֹטֶב (ז)
spice	tavlin	תַבלִין (ז)
sauce	'rotev	רוֹטֶב (ז)
vinegar	'χomets	חוֹמֶץ (ז)
anise	kamnon	כַּמנוֹן (ז)
basil	reχan	רֵיחָן (ז)

cloves	tsi'poren	צִיפּוֹרֶן (ז)
ginger	'dʒindʒer	ג'ינג'ר (ז)
coriander	'kusbara	כּוּסבָּרָה (נ)
cinnamon	kinamon	קִינָמוֹן (ז)
sesame	'ʃumʃum	שׁוּמשׁוּם (ז)
bay leaf	ale dafna	עָלֶה דַפנָה (ז)
paprika	'paprika	פַּפּרִיקָה (נ)
caraway	'kimel	קִימֶל (ז)
saffron	ze'afran	זְעַפרָן (ז)

42. Meals

food	'oχel	אוֹכֶל (ז)
to eat (vi, vt)	le'eχol	לֶאֱכוֹל
breakfast	aruχat 'boker	אֲרוּחַת בּוֹקֶר (נ)
to have breakfast	le'eχol aruχat 'boker	לֶאֱכוֹל אֲרוּחַת בּוֹקֶר
lunch	aruχat tsaha'rayim	אֲרוּחַת צָהֳרַיִים (נ)
to have lunch	le'eχol aruχat tsaha'rayim	לֶאֱכוֹל אֲרוּחַת צָהֳרַיִים
dinner	aruχat 'erev	אֲרוּחַת עֶרֶב (נ)
to have dinner	le'eχol aruχat 'erev	לֶאֱכוֹל אֲרוּחַת עֶרֶב
appetite	te'avon	תֵיאָבוֹן (ז)
Enjoy your meal!	betei'avon!	בְּתֵיאָבוֹן!
to open (~ a bottle)	lif'toaχ	לִפתוֹחַ
to spill (liquid)	liʃpoχ	לִשפּוֹך
to spill out (vi)	lehiʃapeχ	לְהִישָׁפֵך
to boil (vi)	lir'toaχ	לִרתוֹחַ
to boil (vt)	lehar'tiaχ	לְהַרתִיחַ
boiled (~ water)	ra'tuaχ	רָתוּחַ
to chill, cool down (vt)	lekarer	לְקָרֵר
to chill (vi)	lehitkarer	לְהִתקָרֵר
taste, flavour	'ta'am	טַעַם (ז)
aftertaste	'ta'am levai	טַעַם לְוַואי (ז)
to slim down (lose weight)	lirzot	לִרזוֹת
diet	di"eta	דִיאֶטָה (נ)
vitamin	vitamin	וִיטָמִין (ז)
calorie	ka'lorya	קָלוֹרְיָה (נ)
vegetarian (n)	tsimχoni	צִמחוֹנִי (ז)
vegetarian (adj)	tsimχoni	צִמחוֹנִי
fats (nutrient)	ʃumanim	שׁוּמָנִים (ז"ר)
proteins	χelbonim	חֶלבּוֹנִים (ז"ר)
carbohydrates	paχmema	פַּחמִימָה (נ)
slice (of lemon, ham)	prusa	פּרוּסָה (נ)
piece (of cake, pie)	χatiχa	חֲתִיכָה (נ)
crumb (of bread, cake, etc.)	perur	פֵּירוּר (ז)

43. Table setting

spoon	kaf	כַּף (נ)
knife	sakin	סַכִּין (ז, נ)
fork	mazleg	מַזלֵג (ז)
cup (e.g., coffee ~)	'sefel	סֵפֶל (ז)
plate (dinner ~)	tsa'laχat	צַלַחַת (נ)
saucer	taχtit	תַחתִית (נ)
serviette	mapit	מַפִּית (נ)
toothpick	keisam ʃi'nayim	קֵיסַם שִׁינַיִים (ז)

44. Restaurant

restaurant	mis'ada	מִסעָדָה (נ)
coffee bar	beit kafe	בֵּית קָפֶה (ז)
pub, bar	bar, pab	בָּר, פָּאב (ז)
tearoom	beit te	בֵּית תֵה (ז)
waiter	meltsar	מֶלצַר (ז)
waitress	meltsarit	מֶלצָרִית (נ)
barman	'barmen	בַּרמֶן (ז)
menu	tafrit	תַפרִיט (ז)
wine list	reʃimat yeynot	רְשִׁימַת יֵינוֹת (נ)
to book a table	lehazmin ʃulχan	לְהַזמִין שׁוּלחָן
course, dish	mana	מָנָה (נ)
to order (meal)	lehazmin	לְהַזמִין
to make an order	lehazmin	לְהַזמִין
aperitif	maʃke meta'aven	מַשקֶה מְתַאֲבֵן (ז)
starter	meta'aven	מְתַאֲבֵן (ז)
dessert, pudding	ki'nuaχ	קִינוּחַ (ז)
bill	χeʃbon	חֶשבּוֹן (ז)
to pay the bill	leʃalem	לְשַלֵם
to give change	latet 'odef	לָתֵת עוֹדֶף
tip	tip	טִיפּ (ז)

Family, relatives and friends

45. Personal information. Forms

name (first name)	ʃem	שֵׁם (ז)
surname (last name)	ʃem miʃpaχa	שֵׁם מִשפָּחָה (ז)
date of birth	ta'ariχ leda	תַאֲרִיך לֵידָה (ז)
place of birth	mekom leda	מְקוֹם לֵידָה (ז)
nationality	le'om	לְאוֹם (ז)
place of residence	mekom megurim	מְקוֹם מְגוּרִים (ז)
country	medina	מְדִינָה (נ)
profession (occupation)	mik'tso'a	מִקצוֹעַ (ז)
gender, sex	min	מִין (ז)
height	'gova	גוֹבַה (ז)
weight	miʃkal	מִשקָל (ז)

46. Family members. Relatives

mother	em	אֵם (נ)
father	av	אָב (ז)
son	ben	בֵּן (ז)
daughter	bat	בַּת (נ)
younger daughter	habat haktana	הַבַּת הַקטַנָה (נ)
younger son	haben hakatan	הַבֵּן הַקָטָן (ז)
eldest daughter	habat habχora	הַבַּת הַבּכוֹרָה (נ)
eldest son	haben habχor	הַבֵּן הַבּכוֹר (ז)
brother	aχ	אָח (ז)
elder brother	aχ gadol	אָח גָדוֹל (ז)
younger brother	aχ katan	אָח קָטָן (ז)
sister	aχot	אָחוֹת (נ)
elder sister	aχot gdola	אָחוֹת גדוֹלָה (נ)
younger sister	aχot ktana	אָחוֹת קטַנָה (נ)
cousin (masc.)	ben dod	בֶּן דוֹד (ז)
cousin (fem.)	bat 'doda	בַּת דוֹדָה (נ)
mummy	'ima	אִמָא (נ)
dad, daddy	'aba	אַבָּא (ז)
parents	horim	הוֹרִים (ז"ר)
child	'yeled	יֶלֶד (ז)
children	yeladim	יְלָדִים (ז"ר)
grandmother	'savta	סַבתָא (נ)
grandfather	'saba	סַבָּא (ז)
grandson	'neχed	נֶכֶד (ז)

granddaughter	neχda	נֶכדָה (נ)
grandchildren	neχadim	נְכָדִים (ז"ר)
uncle	dod	דוֹד (ז)
aunt	'doda	דוֹדָה (נ)
nephew	aχyan	אַחיָין (ז)
niece	aχyanit	אַחיָינִית (נ)
mother-in-law (wife's mother)	χamot	חָמוֹת (נ)
father-in-law (husband's father)	χam	חָם (ז)
son-in-law (daughter's husband)	χatan	חָתָן (ז)
stepmother	em χoreget	אֵם חוֹרֶגֶת (נ)
stepfather	av χoreg	אָב חוֹרֵג (ז)
infant	tinok	תִינוֹק (ז)
baby (infant)	tinok	תִינוֹק (ז)
little boy, kid	pa'ot	פָּעוֹט (ז)
wife	iʃa	אִישָה (נ)
husband	'ba'al	בַּעַל (ז)
spouse (husband)	ben zug	בֶּן זוּג (ז)
spouse (wife)	bat zug	בַּת זוּג (נ)
married (masc.)	nasui	נָשׂוּי
married (fem.)	nesu'a	נְשׂוּאָה
single (unmarried)	ravak	רַוָוק
bachelor	ravak	רַוָוק (ז)
divorced (masc.)	garuʃ	גָרוּש
widow	almana	אַלמָנָה (נ)
widower	alman	אַלמָן (ז)
relative	karov miʃpaχa	קָרוֹב מִשפָּחָה (ז)
close relative	karov miʃpaχa	קָרוֹב מִשפָּחָה (ז)
distant relative	karov raχok	קָרוֹב רָחוֹק (ז)
relatives	krovei miʃpaχa	קרוֹבֵי מִשפָּחָה (ז"ר)
orphan (boy)	yatom	יָתוֹם (ז)
orphan (girl)	yetoma	יְתוֹמָה (נ)
guardian (of a minor)	apo'tropos	אַפּוֹטרוֹפּוֹס (ז)
to adopt (a boy)	le'amets	לְאַמֵץ
to adopt (a girl)	le'amets	לְאַמֵץ

Medicine

47. Diseases

illness	maχala	מַחֲלָה (נ)
to be ill	lihyot χole	לִהיוֹת חוֹלֶה
health	bri'ut	בּרִיאוּת (נ)
runny nose (coryza)	na'zelet	נַזֶלֶת (נ)
tonsillitis	da'leket ʃkedim	דַלֶקֶת שקֵדִים (נ)
cold (illness)	hitstanenut	הִצטַנְנוּת (נ)
to catch a cold	lehitstanen	לְהִצטַנֵן
bronchitis	bron'χitis	בּרוֹנכִיטִיס (ז)
pneumonia	da'leket re'ot	דַלֶקֶת רֵיאוֹת (נ)
flu, influenza	ʃa'pa'at	שַפַעַת (נ)
shortsighted (adj)	ktsar re'iya	קצַר רְאִייָה
longsighted (adj)	reχok re'iya	רְחוֹק־רְאִייָה
strabismus (crossed eyes)	pzila	פּזִילָה (נ)
squint-eyed (adj)	pozel	פּוֹזֵל
cataract	katarakt	קָטָרַקט (ז)
glaucoma	gla'u'koma	גלָאוּקוֹמָה (נ)
stroke	ʃavats moχi	שָבָץ מוֹחִי (ז)
heart attack	hetkef lev	הֶתקֵף לֵב (ז)
myocardial infarction	'otem ʃrir halev	אוֹטֶם שרִיר הַלֵב (ז)
paralysis	ʃituk	שִיתוּק (ז)
to paralyse (vt)	leʃatek	לְשַתֵק
allergy	a'lergya	אָלֶרגִיָה (נ)
asthma	'astma, ka'tseret	אַסתמָה, קַצֶרֶת (נ)
diabetes	su'keret	סוּכֶּרֶת (נ)
toothache	ke'ev ʃi'nayim	כְּאֵב שִינַיִים (ז)
caries	a'ʃeʃet	עַשֶשֶת (נ)
diarrhoea	ʃilʃul	שִלשוּל (ז)
constipation	atsirut	עֲצִירוּת (נ)
stomach upset	kilkul keiva	קִלקוּל קֵיבָה (ז)
food poisoning	har'alat mazon	הַרעָלַת מָזוֹן (נ)
to get food poisoning	laχatof har'alat mazon	לַחֲטוֹף הַרעָלַת מָזוֹן
arthritis	da'leket mifrakim	דַלֶקֶת מִפרָקִים (נ)
rickets	ra'keχet	רַכֶּכֶת (נ)
rheumatism	ʃigaron	שִיגָרוֹן (ז)
atherosclerosis	ar'teryo skle'rosis	אַרטֶריוֹ־סקלֶרוֹסִיס (ז)
gastritis	da'leket keiva	דַלֶקֶת קֵיבָה (נ)
appendicitis	da'leket toseftan	דַלֶקֶת תוֹספְתָן (נ)

cholecystitis	da'leket kis hamara	דַלֶקֶת כִּיס הַמָרָה (נ)
ulcer	'ulkus, kiv	אולקוס, כִּיב (ז)
measles	χa'tsevet	חַצֶבֶת (נ)
rubella (German measles)	a'demet	אַדֶמֶת (נ)
jaundice	tsa'hevet	צַהֶבֶת (נ)
hepatitis	da'leket kaved	דַלֶקֶת כָּבֵד (נ)
schizophrenia	sχizo'frenya	סכיזופרֶנִיָה (נ)
rabies (hydrophobia)	ka'levet	כַּלֶבֶת (נ)
neurosis	noı'roza	נוֹירוֹזָה (נ)
concussion	za'a'zu'a 'moaχ	זַעֲזוּעַ מוֹחַ (ז)
cancer	sartan	סַרטָן (ז)
sclerosis	ta'reʃet	טָרֶשֶׁת (נ)
multiple sclerosis	ta'reʃet nefotsa	טָרֶשֶׁת נְפוֹצָה (נ)
alcoholism	alkoholizm	אַלכּוֹהוֹלִיזם (ז)
alcoholic (n)	alkoholist	אַלכּוֹהוֹלִיסט (ז)
syphilis	a'gevet	עַגֶבֶת (נ)
AIDS	eids	אֵיידס (ז)
tumour	gidul	גִידוּל (ז)
malignant (adj)	mam'ir	מַמאִיר
benign (adj)	ʃapir	שָׁפִיר
fever	ka'daχat	קַדַחַת (נ)
malaria	ma'larya	מָלַריָה (נ)
gangrene	gan'grena	גַנגרֶנָה (נ)
seasickness	maχalat yam	מַחֲלַת יָם (נ)
epilepsy	maχalat hanefila	מַחֲלַת הַנְפִילָה (נ)
epidemic	magefa	מַגֵיפָה (נ)
typhus	'tifus	טִיפוּס (ז)
tuberculosis	ʃa'χefet	שַׁחֶפֶת (נ)
cholera	ko'lera	כּוֹלֶרָה (נ)
plague (bubonic ~)	davar	דֶבֶר (ז)

48. Symptoms. Treatments. Part 1

symptom	simptom	סִימפּטוֹם (ז)
temperature	χom	חוֹם (ז)
high temperature (fever)	χom ga'voha	חוֹם גָבוֹהַ (ז)
pulse (heartbeat)	'dofek	דוֹפֶק (ז)
dizziness (vertigo)	sχar'χoret	סחַרחוֹרֶת (נ)
hot (adj)	χam	חַם
shivering	tsmar'moret	צמַרמוֹרֶת (נ)
pale (e.g. ~ face)	χiver	חִיווֵר
cough	ʃi'ul	שִׁיעוּל (ז)
to cough (vi)	lehiʃta'el	לְהִשתַעֵל
to sneeze (vi)	lehit'ateʃ	לְהִתעַטֵש
faint	ilafon	עִילָפוֹן (ז)

to faint (vi)	lehitʿalef	לְהִתעַלֵף
bruise (hématome)	χabura	חַבּוּרָה (נ)
bump (lump)	blita	בּלִיטָה (נ)
to bang (bump)	lekabel maka	לְקַבֵּל מַכָּה
contusion (bruise)	maka	מַכָּה (נ)
to get a bruise	lekabel maka	לְקַבֵּל מַכָּה
to limp (vi)	lits'loʿa	לְצלוֹעַ
dislocation	'neka	נֶקַע (ז)
to dislocate (vt)	lin'koʿa	לְנקוֹעַ
fracture	'ʃever	שֶבֶר (ז)
to have a fracture	liʃbor	לְשבּוֹר
cut (e.g. paper ~)	χataχ	חֲתָך (ז)
to cut oneself	lehiχateχ	לְהֵיחָתֵך
bleeding	dimum	דִימוּם (ז)
burn (injury)	kviya	כּווִייָה (נ)
to get burned	laχatof kviya	לַחֲטוֹף כּווִייָה
to prick (vt)	lidkor	לִדקוֹר
to prick oneself	lehidaker	לְהִידָקֵר
to injure (vt)	lif'tsoʿa	לִפצוֹעַ
injury	ptsiʿa	פּצִיעָה (נ)
wound	'petsa	פֶּצַע (ז)
trauma	'tra'uma	טרָאוּמָה (נ)
to be delirious	lahazot	לַהֲזוֹת
to stutter (vi)	legamgem	לְגַמגֵם
sunstroke	makat 'ʃemeʃ	מַכַּת שֶמֶש (נ)

49. Symptoms. Treatments. Part 2

pain, ache	ke'ev	כְּאֵב (ז)
splinter (in foot, etc.)	kots	קוֹץ (ז)
sweat (perspiration)	zeʿa	זֵיעָה (נ)
to sweat (perspire)	leha'ziʿa	לְהַזִיעַ
vomiting	haka'a	הֲקָאָה (נ)
convulsions	pirkusim	פִּירכּוּסִים (ז"ר)
pregnant (adj)	hara	הָרָה
to be born	lehivaled	לְהִיוָולֵד
delivery, labour	leda	לֵידָה (נ)
to deliver (~ a baby)	la'ledet	לָלֶדֶת
abortion	hapala	הַפָּלָה (נ)
breathing, respiration	neʃima	נְשִימָה (נ)
in-breath (inhalation)	ʃe'ifa	שְאִיפָה (נ)
out-breath (exhalation)	neʃifa	נְשִיפָה (נ)
to exhale (breathe out)	linʃof	לִנשוֹף
to inhale (vi)	liʃ'of	לִשאוֹף
disabled person	naχe	נָכֶה (ז)
cripple	naχe	נָכֶה (ז)

drug addict	narkoman	נַרקוֹמָן (ז)
deaf (adj)	χereʃ	חֵירֵשׁ
mute (adj)	ilem	אִילֵם
deaf mute (adj)	χereʃ-ilem	חֵירֵשׁ־אִילֵם
mad, insane (adj)	meʃuga	מְשוּגָע
madman (demented person)	meʃuga	מְשוּגָע (ז)
madwoman	meʃu'ga'at	מְשוּגַעַת (נ)
to go insane	lehiʃta'ge'a	לְהִשתַגֵעַ
gene	gen	גֵן (ז)
immunity	χasinut	חֲסִינוּת (נ)
hereditary (adj)	toraʃti	תוֹרַשׁתִי
congenital (adj)	mulad	מוּלָד
virus	'virus	וִירוּס (ז)
microbe	χaidak	חַיידַק (ז)
bacterium	bak'terya	בַּקטֶריָה (נ)
infection	zihum	זִיהוּם (ז)

50. Symptoms. Treatments. Part 3

hospital	beit χolim	בֵּית חוֹלִים (ז)
patient	metupal	מְטוּפָּל (ז)
diagnosis	avχana	אַבחָנָה (נ)
cure	ripui	רִיפּוּי (ז)
medical treatment	tipul refu'i	טִיפּוּל רְפוּאִי (ז)
to get treatment	lekabel tipul	לְקַבֵּל טִיפּוּל
to treat (~ a patient)	letapel be...	לְטַפֵּל בְּ...
to nurse (look after)	letapel be...	לְטַפֵּל בְּ...
care (nursing ~)	tipul	טִיפּוּל (ז)
operation, surgery	ni'tuaχ	נִיתוּחַ (ז)
to bandage (head, limb)	laχboʃ	לַחבּוֹשׁ
bandaging	χaviʃa	חֲבִישָׁה (נ)
vaccination	χisun	חִיסוּן (ז)
to vaccinate (vt)	leχasen	לְחַסֵן
injection	zrika	זְרִיקָה (נ)
to give an injection	lehazrik	לְהַזרִיק
attack	hetkef	הֶתקֵף (ז)
amputation	kti'a	קְטִיעָה (נ)
to amputate (vt)	lik'to'a	לִקטוֹעַ
coma	tar'demet	תַרדֶמֶת (נ)
to be in a coma	lihyot betar'demet	לִהיוֹת בְּתַרדֶמֶת
intensive care	tipul nimrats	טִיפּוּל נִמרָץ (ז)
to recover (~ from flu)	lehaχlim	לְהַחלִים
condition (patient's ~)	matsav	מַצָב (ז)
consciousness	hakara	הַכָּרָה (נ)
memory (faculty)	zikaron	זִיכָּרוֹן (ז)

to pull out (tooth)	la'akor	לַעֲקוֹר
filling	stima	סתִימָה (נ)
to fill (a tooth)	la'asot stima	לַעֲשׂוֹת סתִימָה
hypnosis	hip'noza	הִיפּנוֹזָה (נ)
to hypnotize (vt)	lehapnet	לְהַפּנֵט

51. Doctors

doctor	rofe	רוֹפֵא (ז)
nurse	aχot	אָחוֹת (נ)
personal doctor	rofe iʃi	רוֹפֵא אִישִׁי (ז)
dentist	rofe ʃi'nayim	רוֹפֵא שִׁינַיִים (ז)
optician	rofe ei'nayim	רוֹפֵא עֵינַיִים (ז)
general practitioner	rofe pnimi	רוֹפֵא פּנִימִי (ז)
surgeon	kirurg	כִּירוּרג (ז)
psychiatrist	psiχi''ater	פּסִיכִיאָטֶר (ז)
paediatrician	rofe yeladim	רוֹפֵא יְלָדִים (ז)
psychologist	psiχolog	פּסִיכוֹלוֹג (ז)
gynaecologist	rofe naʃim	רוֹפֵא נָשִׁים (ז)
cardiologist	kardyolog	קַרדִיוֹלוֹג (ז)

52. Medicine. Drugs. Accessories

medicine, drug	trufa	תרוּפָה (נ)
remedy	trufa	תרוּפָה (נ)
to prescribe (vt)	lirʃom	לִרשׁוֹם
prescription	mirʃam	מִרשָׁם (ז)
tablet, pill	kadur	כַּדוּר (ז)
ointment	miʃχa	מִשׁחָה (נ)
ampoule	'ampula	אַמפּוּלָה (נ)
mixture, solution	ta'a'rovet	תַּעֲרוֹבֶת (נ)
syrup	sirop	סִירוֹפּ (ז)
capsule	gluya	גלוּיָה (נ)
powder	avka	אַבקָה (נ)
gauze bandage	taχ'boʃet 'gaza	תַחבּוֹשֶׁת גָאזָה (ז)
cotton wool	'tsemer 'gefen	צֶמֶר גֶפֶן (ז)
iodine	yod	יוֹד (ז)
plaster	'plaster	פּלַסטֶר (ז)
eyedropper	taf'tefet	טַפטֶפֶת (נ)
thermometer	madχom	מַדחוֹם (ז)
syringe	mazrek	מַזרֵק (ז)
wheelchair	kise galgalim	כִּיסֵא גַלגַלִים (ז)
crutches	ka'bayim	קַבַּיִים (ז"ר)
painkiller	meʃakeχ ke'evim	מְשַׁכֵּך כְּאֵבִים (ז)
laxative	trufa meʃal'ʃelet	תרוּפָה מְשַׁלשֶׁלֶת (נ)

spirits (ethanol)	'kohal	כּוֹהַל (ז)
medicinal herbs	isvei marpe	עִשׂבֵי מַרפֵּא (ז"ר)
herbal (~ tea)	ʃel asavim	שֶׁל עֲשָׂבִים

HUMAN HABITAT

City

53. City. Life in the city

city, town	ir	עִיר (נ)
capital city	ir bira	עִיר בִּירָה (נ)
village	kfar	כְּפָר (ז)
city map	mapat ha'ir	מַפַּת הָעִיר (נ)
city centre	merkaz ha'ir	מֶרכַּז הָעִיר (ז)
suburb	parvar	פַּרווָר (ז)
suburban (adj)	parvari	פַּרווָרִי
outskirts	parvar	פַּרווָר (ז)
environs (suburbs)	svivot	סבִיבוֹת (נ"ר)
city block	ʃχuna	שכוּנָה (נ)
residential block (area)	ʃχunat megurim	שכוּנַת מְגוּרִים (נ)
traffic	tnu'a	תנוּעָה (נ)
traffic lights	ramzor	רַמזוֹר (ז)
public transport	taχbura tsiburit	תַחבּוּרָה צִיבּוּרִית (נ)
crossroads	'tsomet	צוֹמֶת (ז)
zebra crossing	ma'avar χatsaya	מַעֲבַר חֲצָיָה (ז)
pedestrian subway	ma'avar tat karka'i	מַעֲבָר תַת־קַרקָעִי (ז)
to cross (~ the street)	laχatsot	לַחֲצוֹת
pedestrian	holeχ 'regel	הוֹלֵך רֶגֶל (ז)
pavement	midraχa	מִדרָכָה (נ)
bridge	'geʃer	גֶשֶר (ז)
embankment (river walk)	ta'yelet	טַיֶילֶת (נ)
fountain	mizraka	מִזרָקָה (נ)
allée (garden walkway)	sdera	שׂדֵרָה (נ)
park	park	פַּארק (ז)
boulevard	sdera	שׂדֵרָה (נ)
square	kikar	כִּיכָּר (נ)
avenue (wide street)	reχov raʃi	רְחוֹב רָאשִי (ז)
street	reχov	רְחוֹב (ז)
side street	simta	סִמטָה (נ)
dead end	mavoi satum	מָבוֹי סָתוּם (ז)
house	'bayit	בַּיִת (ז)
building	binyan	בִּניָין (ז)
skyscraper	gored ʃχakim	גוֹרֵד שחָקִים (ז)
facade	χazit	חֲזִית (נ)
roof	gag	גַג (ז)

window	χalon	חַלוֹן (ז)
arch	'keʃet	קֶשֶׁת (נ)
column	amud	עַמוּד (ז)
corner	pina	פִּינָה (נ)
shop window	χalon raʾava	חַלוֹן רַאֲווָה (ז)
signboard (store sign, etc.)	'ʃelet	שֶׁלֶט (ז)
poster (e.g., playbill)	kraza	כְּרָזָה (נ)
advertising poster	'poster	פּוֹסטֶר (ז)
hoarding	'luaχ pirsum	לוּחַ פִּרסוּם (ז)
rubbish	'zevel	זֶבֶל (ז)
rubbish bin	paχ aʃpa	פַּח אַשפָּה (ז)
to litter (vi)	lelaχleχ	לְלַכלֵך
rubbish dump	mizbala	מִזבָּלָה (נ)
telephone box	ta 'telefon	תָא טֶלֶפוֹן (ז)
lamppost	amud panas	עַמוּד פָּנָס (ז)
bench (park ~)	safsal	סַפסָל (ז)
police officer	ʃoter	שׁוֹטֵר (ז)
police	miʃtara	מִשטָרָה (נ)
beggar	kabtsan	קַבּצָן (ז)
homeless (n)	χasar 'bayit	חֲסַר בַּיִת (ז)

54. Urban institutions

shop	χanut	חֲנוּת (נ)
chemist, pharmacy	beit mir'kaχat	בֵּית מִרקַחַת (ז)
optician (spectacles shop)	χanut miʃka'fayim	חֲנוּת מִשקָפַיִים (נ)
shopping centre	kanyon	קַניוֹן (ז)
supermarket	super'market	סוּפֶּרמַרקֶט (ז)
bakery	maʾafiya	מַאֲפִייָה (נ)
baker	ofe	אוֹפֶה (ז)
cake shop	χanut mamtakim	חֲנוּת מַמתָקִים (נ)
grocery shop	ma'kolet	מַכּוֹלֶת (נ)
butcher shop	itliz	אִטלִיז (ז)
greengrocer	χanut perot viyerakot	חֲנוּת פֵּירוֹת וִירָקוֹת (נ)
market	ʃuk	שׁוּק (ז)
coffee bar	beit kafe	בֵּית קָפֶה (ז)
restaurant	misʿada	מִסעָדָה (נ)
pub, bar	pab	פָּאבּ (ז)
pizzeria	pi'tseriya	פִּיצֶרִייָה (נ)
hairdresser	mispara	מִספָּרָה (נ)
post office	'doʾar	דוֹאַר (ז)
dry cleaners	nikui yaveʃ	נִיקוּי יָבֵשׁ (ז)
photo studio	'studyo letsilum	סטוּדיוֹ לְצִילוּם (ז)
shoe shop	χanut naʿa'layim	חֲנוּת נַעֲלַיִים (נ)
bookshop	χanut sfarim	חֲנוּת סְפָרִים (נ)

sports shop	χanut sport	חֲנוּת ספּוֹרט (נ)
clothes repair shop	χanut tikun bgadim	חֲנוּת תִיקוּן בּגָדִים (נ)
formal wear hire	χanut haskarat bgadim	חֲנוּת הַשׂכָּרַת בּגָדִים (נ)
video rental shop	χanut haʃ'alat sratim	חֲנוּת הַשאָלַת סרָטִים (נ)
circus	kirkas	קִרקָס (ז)
zoo	gan hayot	גַן חַיוֹת (ז)
cinema	kol'no'a	קוֹלנוֹעַ (ז)
museum	muze'on	מוּזֵיאוֹן (ז)
library	sifriya	סִפרִייָה (נ)
theatre	te'atron	תֵיאַטרוֹן (ז)
opera (opera house)	beit 'opera	בֵּית אוֹפֶּרָה (ז)
nightclub	mo'adon 'laila	מוֹעֲדוֹן לַילָה (ז)
casino	ka'zino	קָזִינוֹ (ז)
mosque	misgad	מִסגָד (ז)
synagogue	beit 'kneset	בֵּית כּנֶסֶת (ז)
cathedral	kated'rala	קָתֶדרָלָה (נ)
temple	mikdaʃ	מִקדָש (ז)
church	knesiya	כּנֵסִייָה (נ)
college	miχlala	מִכלָלָה (נ)
university	uni'versita	אוּנִיבֶרסִיטָה (נ)
school	beit 'sefer	בֵּית סֵפֶר (ז)
prefecture	maχoz	מָחוֹז (ז)
town hall	iriya	עִירִייָה (נ)
hotel	beit malon	בֵּית מָלוֹן (ז)
bank	bank	בַּנק (ז)
embassy	ʃagrirut	שַגרִירוּת (נ)
travel agency	soχnut nesi'ot	סוֹכנוּת נְסִיעוֹת (נ)
information office	modi'in	מוֹדִיעִין (ז)
currency exchange	misrad hamarat mat'be'a	מִשׂרַד הֲמָרַת מַטבֵּעַ (ז)
underground, tube	ra'kevet taχtit	רַכֶּבֶת תַחתִית (נ)
hospital	beit χolim	בֵּית חוֹלִים (ז)
petrol station	taχanat 'delek	תַחֲנַת דֶלֶק (נ)
car park	migraʃ χanaya	מִגרַש חֲנָיָה (ז)

55. Signs

signboard (store sign, etc.)	'ʃelet	שֶלֶט (ז)
notice (door sign, etc.)	moda'a	מוֹדָעָה (נ)
poster	'poster	פּוֹסטֶר (ז)
direction sign	tamrur	תַמרוּר (ז)
arrow (sign)	χets	חֵץ (ז)
caution	azhara	אַזהָרָה (נ)
warning sign	'ʃelet azhara	שֶלֶט אַזהָרָה (ז)
to warn (vt)	lehazhir	לְהַזהִיר
rest day (weekly ~)	yom 'χofeʃ	יוֹם חוֹפֶש (ז)

timetable (schedule)	'luaχ zmanim	לוּחַ זמַנִים (ז)
opening hours	ʃa'ot avoda	שָעוֹת עֲבוֹדָה (נ"ר)
WELCOME!	bruχim haba'im!	בּרוּכִים הַבָּאִים!
ENTRANCE	knisa	כּנִיסָה
WAY OUT	yetsi'a	יְצִיאָה
PUSH	dχof	דחוֹף
PULL	mʃoχ	משוֹך
OPEN	pa'tuaχ	פָּתוּחַ
CLOSED	sagur	סָגוּר
WOMEN	lenaʃim	לְנָשִים
MEN	legvarim	לְגבָרִים
DISCOUNTS	hanaχot	הֲנָחוֹת
SALE	mivtsa	מִבצָע
NEW!	χadaʃ!	חָדָש!
FREE	χinam	חִינָם
ATTENTION!	sim lev!	שִׂים לֵב!
NO VACANCIES	ein makom panui	אֵין מָקוֹם פָּנוּי
RESERVED	ʃamur	שָמוּר
ADMINISTRATION	hanhala	הַנהָלָה
STAFF ONLY	le'ovdim bilvad	לְעוֹבדִים בִּלבַד
BEWARE OF THE DOG!	zehirut 'kelev noʃeχ!	זְהִירוּת, כֶּלֶב נוֹשֵך!
NO SMOKING	asur le'aʃen!	אָסוּר לְעַשֵן!
DO NOT TOUCH!	lo lagaat!	לא לָגַעַת!
DANGEROUS	mesukan	מְסוּכָּן
DANGER	sakana	סַכָּנָה
HIGH VOLTAGE	'metaχ ga'voha	מֶתַח גָבוֹהַ
NO SWIMMING!	haraχatsa asura!	הָרַחֲצָה אֲסוּרָה!
OUT OF ORDER	lo oved	לא עוֹבֵד
FLAMMABLE	dalik	דָלִיק
FORBIDDEN	asur	אָסוּר
NO TRESPASSING!	asur la'avor	אָסוּר לַעֲבוֹר
WET PAINT	'tseva laχ	צֶבַע לַח

56. Urban transport

bus, coach	'otobus	אוֹטוֹבּוּס (ז)
tram	ra'kevet kala	רַכֶּבֶת קַלָה (נ)
trolleybus	tro'leibus	טרוֹלֵיבּוּס (ז)
route (bus ~)	maslul	מַסלוּל (ז)
number (e.g. bus ~)	mispar	מִספָּר (ז)
to go by …	lin'so'a be…	לִנסוֹעַ בְּ...
to get on (~ the bus)	la'alot	לַעֲלוֹת
to get off …	la'redet mi…	לָרֶדֶת מִ...
stop (e.g. bus ~)	taχana	תַחֲנָה (נ)

next stop	hataχana haba'a	הַתַּחֲנָה הַבָּאָה (נ)
terminus	hataχana ha'aχrona	הַתַּחֲנָה הָאַחרוֹנָה (נ)
timetable	'luaχ zmanim	לוּחַ זמַנִים (ז)
to wait (vt)	lehamtin	לְהַמתִין
ticket	kartis	כַּרטִיס (ז)
fare	meχir hanesiya	מְחִיר הַנְסִיעָה (ז)
cashier (ticket seller)	kupai	קוּפַאי (ז)
ticket inspection	bi'koret kartisim	בִּיקוֹרֶת כַּרטִיסִים (נ)
ticket inspector	mevaker	מְבַקֵר (ז)
to be late (for …)	le'aχer	לְאַחֵר
to miss (~ the train, etc.)	lefasfes	לְפַספֵס
to be in a hurry	lemaher	לְמַהֵר
taxi, cab	monit	מוֹנִית (נ)
taxi driver	nahag monit	נֶהָג מוֹנִית (ז)
by taxi	bemonit	בְּמוֹנִית
taxi rank	taχanat moniyot	תַּחֲנַת מוֹנִיוֹת (נ)
to call a taxi	lehazmin monit	לְהַזמִין מוֹנִית
to take a taxi	la'kaχat monit	לָקַחַת מוֹנִית
traffic	tnu'a	תנוּעָה (נ)
traffic jam	pkak	פּקָק (ז)
rush hour	ʃa'ot 'omes	שְעוֹת עוֹמֶס (נ"ר)
to park (vi)	laχanot	לַחֲנוֹת
to park (vt)	lehaχnot	לְהַחנוֹת
car park	χanaya	חֲנָיָה (נ)
underground, tube	ra'kevet taχtit	רַכֶּבֶת תַחתִית (נ)
station	taχana	תַּחֲנָה (נ)
to take the tube	lin'so'a betaχtit	לִנסוֹעַ בְּתַחתִית
train	ra'kevet	רַכֶּבֶת (נ)
train station	taχanat ra'kevet	תַּחֲנַת רַכֶּבֶת (נ)

57. Sightseeing

monument	an'darta	אַנדַרטָה (נ)
fortress	mivtsar	מִבצָר (ז)
palace	armon	אַרמוֹן (ז)
castle	tira	טִירָה (נ)
tower	migdal	מִגדָל (ז)
mausoleum	ma'uzo'le'um	מָאוּזוֹלֵיאוּם (ז)
architecture	adriχalut	אַדרִיכָלוּת (נ)
medieval (adj)	benaimi	בֵּינַיימִי
ancient (adj)	atik	עַתִיק
national (adj)	le'umi	לְאוּמִי
famous (monument, etc.)	mefursam	מְפוּרסָם
tourist	tayar	תַּיָיר (ז)
guide (person)	madriχ tiyulim	מַדרִיך טִיוּלִים (ז)
excursion, sightseeing tour	tiyul	טִיוּל (ז)

to show (vt)	lehar'ot	לְהַראוֹת
to tell (vt)	lesaper	לְסַפֵּר
to find (vt)	limtso	לִמצוֹא
to get lost (lose one's way)	la'leχet le'ibud	לָלֶכֶת לְאִיבּוּד
map (e.g. underground ~)	mapa	מַפָּה (נ)
map (e.g. city ~)	tarʃim	תַרשִים (ז)
souvenir, gift	maz'keret	מַזכֶּרֶת (נ)
gift shop	χanut matanot	חֲנוּת מַתָנוֹת (נ)
to take pictures	letsalem	לְצַלֵם
to have one's picture taken	lehitstalem	לְהִצטַלֵם

58. Shopping

to buy (purchase)	liknot	לִקנוֹת
shopping	kniya	קנִייָה (נ)
to go shopping	la'leχet lekniyot	לָלֶכֶת לִקנִיוֹת
shopping	ariχat kniyot	עֲרִיכַת קנִיוֹת (נ)
to be open (ab. shop)	pa'tuaχ	פָּתוּחַ
to be closed	sagur	סָגוּר
footwear, shoes	na'a'layim	נַעֲלַיִים (נ"ר)
clothes, clothing	bgadim	בּגָדִים (ז"ר)
cosmetics	tamrukim	תַמרוּקִים (ז"ר)
food products	mutsrei mazon	מוּצרֵי מָזוֹן (ז"ר)
gift, present	matana	מַתָנָה (נ)
shop assistant (masc.)	moχer	מוֹכֵר (ז)
shop assistant (fem.)	mo'χeret	מוֹכֶרֶת (נ)
cash desk	kupa	קוּפָּה (נ)
mirror	mar'a	מַרְאָה (נ)
counter (shop ~)	duχan	דוּכָן (ז)
fitting room	'χeder halbaʃa	חֶדֶר הַלבָּשָה (ז)
to try on	limdod	לִמדוֹד
to fit (ab. dress, etc.)	lehat'im	לְהַתאִים
to fancy (vt)	limtso χen be'ei'nayim	לִמצוֹא חֵן בְּעֵינַיִים
price	meχir	מְחִיר (ז)
price tag	tag meχir	תַג מְחִיר (ז)
to cost (vt)	la'alot	לַעֲלוֹת
How much?	'kama?	כַּמָה?
discount	hanaχa	הֲנָחָה (נ)
inexpensive (adj)	lo yakar	לֹא יָקָר
cheap (adj)	zol	זוֹל
expensive (adj)	yakar	יָקָר
It's expensive	ze yakar	זֶה יָקָר
hire (n)	haskara	הַשׂכָּרָה (נ)
to hire (~ a dinner jacket)	liskor	לִשׂכּוֹר

credit (trade credit)	aʃrai	אַשרַאי (ז)
on credit (adv)	be'aʃrai	בְּאַשרַאי

59. Money

money	'kesef	כֶּסֶף (ז)
currency exchange	hamara	הֲמָרָה (נ)
exchange rate	'ʃa'ar χalifin	שַעַר חֲלִיפִין (ז)
cashpoint	kaspomat	כַּספּוֹמָט (ז)
coin	mat'be'a	מַטבֵּעַ (ז)
dollar	'dolar	דוֹלָר (ז)
euro	'eiro	אֵירוֹ (ז)
lira	'lira	לִירָה (נ)
Deutschmark	mark germani	מַרק גֶרמָנִי (ז)
franc	frank	פרַנק (ז)
pound sterling	'lira 'sterling	לִירָה שׂטֶרלִינג (נ)
yen	yen	יֶן (ז)
debt	χov	חוֹב (ז)
debtor	'ba'al χov	בַּעַל חוֹב (ז)
to lend (money)	lehalvot	לְהַלווֹת
to borrow (vi, vt)	lilvot	לִלווֹת
bank	bank	בַּנק (ז)
account	χeʃbon	חֶשבּוֹן (ז)
to deposit (vt)	lehafkid	לְהַפקִיד
to deposit into the account	lehafkid leχeʃbon	לְהַפקִיד לְחֶשבּוֹן
to withdraw (vt)	limʃoχ meχeʃbon	לִמשוֹך מֵחֶשבּוֹן
credit card	kartis aʃrai	כַּרטִיס אַשרַאי (ז)
cash	mezuman	מְזוּמָן
cheque	tʃek	צֶ'ק (ז)
to write a cheque	liχtov tʃek	לִכתוֹב צֶ'ק
chequebook	pinkas 'tʃekim	פִּנקַס צֶ'קִים (ז)
wallet	arnak	אַרנָק (ז)
purse	arnak lematbe'ot	אַרנָק לְמַטבְּעוֹת (ז)
safe	ka'sefet	כַּסֶפֶת (נ)
heir	yoreʃ	יוֹרֵש (ז)
inheritance	yeruʃa	יְרוּשָה (נ)
fortune (wealth)	'oʃer	עוֹשֶר (ז)
lease	χoze sχirut	חוֹזֶה שׂכִירוּת (ז)
rent (money)	sχar dira	שׂכַר דִירָה (ז)
to rent (sth from sb)	liskor	לִשׂכּוֹר
price	meχir	מְחִיר (ז)
cost	alut	עָלוּת (נ)
sum	sχum	סכוּם (ז)
to spend (vt)	lehotsi	לְהוֹצִיא
expenses	hotsa'ot	הוֹצָאוֹת (נ"ר)

to economize (vi, vt)	laχasoχ	לַחֲסוֹך
economical	χesχoni	חֶסכוֹנִי
to pay (vi, vt)	leʃalem	לְשַלֵם
payment	taʃlum	תַשלוּם (ז)
change (give the ~)	'odef	עוֹדֶף (ז)
tax	mas	מַס (ז)
fine	knas	קְנָס (ז)
to fine (vt)	liknos	לִקנוֹס

60. Post. Postal service

post office	'do'ar	דוֹאַר (ז)
post (letters, etc.)	'do'ar	דוֹאַר (ז)
postman	davar	דַוָור (ז)
opening hours	ʃa'ot avoda	שְעוֹת עֲבוֹדָה (נ"ר)
letter	miχtav	מִכתָב (ז)
registered letter	miχtav raʃum	מִכתָב רָשוּם (ז)
postcard	gluya	גלוּיָה (נ)
telegram	mivrak	מִברָק (ז)
parcel	χavila	חֲבִילָה (נ)
money transfer	ha'avarat ksafim	הַעֲבָרַת כְּסָפִים (נ)
to receive (vt)	lekabel	לְקַבֵּל
to send (vt)	liʃ'loaχ	לִשלוֹחַ
sending	ʃliχa	שלִיחָה (ז)
address	'ktovet	כּתוֹבֶת (נ)
postcode	mikud	מִיקוּד (ז)
sender	ʃo'leaχ	שוֹלֵחַ (ז)
receiver	nim'an	נִמעָן (ז)
name (first name)	ʃem prati	שֵם פּרָטִי (ז)
surname (last name)	ʃem miʃpaχa	שֵם מִשפָּחָה (ז)
postage rate	ta'arif	תַעֲרִיף (ז)
standard (adj)	ragil	רָגִיל
economical (adj)	χesχoni	חֶסכוֹנִי
weight	miʃkal	מִשקָל (ז)
to weigh (~ letters)	liʃkol	לִשקוֹל
envelope	ma'atafa	מַעֲטָפָה (נ)
postage stamp	bul 'do'ar	בּוּל דוֹאַר (ז)
to stamp an envelope	lehadbik bul	לְהַדבִּיק בּוּל

Dwelling. House. Home

61. House. Electricity

electricity	xaʃmal	חַשמַל (ז)
light bulb	nura	נוּרָה (נ)
switch	'meteg	מֶתֶג (ז)
fuse (plug fuse)	natix	נָתִיך (ז)
cable, wire (electric ~)	xut	חוּט (ז)
wiring	xivut	חִיווּט (ז)
electricity meter	mone xaʃmal	מוֹנֶה חַשמַל (ז)
readings	kri'a	קרִיאָה (נ)

62. Villa. Mansion

country house	'bayit bakfar	בַּיִת בַּכּפָר (ז)
country-villa	'vila	וִילָה (נ)
wing (~ of a building)	agaf	אֲגַף (ז)
garden	gan	גַן (ז)
park	park	פַּארק (ז)
conservatory (greenhouse)	xamama	חֲמָמָה (נ)
to look after (garden, etc.)	legadel	לְגַדֵל
swimming pool	brexat sxiya	בּרֵיכַת שׂחִייָה (נ)
gym (home gym)	'xeder 'koʃer	חֶדֶר כּוֹשֶר (ז)
tennis court	migraʃ 'tenis	מִגרַש טֶנִיס (ז)
home theater (room)	'xeder hakrana beiti	חֶדֶר הַקרָנָה בֵּיתִי (ז)
garage	musax	מוּסָך (ז)
private property	rexuʃ prati	רְכוּש פּרָטִי (ז)
private land	'ʃetax prati	שֶטַח פּרָטִי (ז)
warning (caution)	azhara	אַזהָרָה (נ)
warning sign	'ʃelet azhara	שֶלֶט אַזהָרָה (ז)
security	avtaxa	אַבטָחָה (נ)
security guard	ʃomer	שוֹמֵר (ז)
burglar alarm	ma'a'rexet az'aka	מַעֲרֶכֶת אַזעָקָה (נ)

63. Flat

flat	dira	דִירָה (נ)
room	'xeder	חֶדֶר (ז)
bedroom	xadar ʃena	חֲדַר שֵינָה (ז)

dining room	pinat 'oχel	פִּינַת אוֹכֶל (נ)
living room	salon	סָלוֹן (ז)
study (home office)	χadar avoda	חֲדַר עֲבוֹדָה (ז)
entry room	prozdor	פרוזדור (ז)
bathroom	χadar am'batya	חֲדַר אַמבַּטיָה (ז)
water closet	ʃerutim	שֵירוּתִים (ז"ר)
ceiling	tikra	תִקרָה (נ)
floor	riʦpa	רִצפָּה (נ)
corner	pina	פִּינָה (נ)

64. Furniture. Interior

furniture	rehitim	רָהִיטִים (ז"ר)
table	ʃulχan	שוּלחָן (ז)
chair	kise	כִּסֵא (ז)
bed	mita	מִיטָה (נ)
sofa, settee	sapa	סַפָּה (נ)
armchair	kursa	כּוּרסָה (נ)
bookcase	aron sfarim	אָרוֹן סְפָרִים (ז)
shelf	madaf	מַדָף (ז)
wardrobe	aron bgadim	אָרוֹן בְּגָדִים (ז)
coat rack (wall-mounted ~)	mitle	מִתלֶה (ז)
coat stand	mitle	מִתלֶה (ז)
chest of drawers	ʃida	שִידָה (נ)
coffee table	ʃulχan itonim	שוּלחַן עִיתוֹנִים (ז)
mirror	mar'a	מַראָה (נ)
carpet	ʃa'tiaχ	שָטִיחַ (ז)
small carpet	ʃa'tiaχ	שָטִיחַ (ז)
fireplace	aχ	אָח (נ)
candle	ner	נֵר (ז)
candlestick	pamot	פָּמוֹט (ז)
drapes	vilonot	וִילוֹנוֹת (ז"ר)
wallpaper	tapet	טַפֶּט (ז)
blinds (jalousie)	trisim	תְרִיסִים (ז"ר)
table lamp	menorat ʃulχan	מְנוֹרַת שוּלחָן (נ)
wall lamp (sconce)	menorat kir	מְנוֹרַת קִיר (נ)
standard lamp	menora o'medet	מְנוֹרָה עוֹמֶדֶת (נ)
chandelier	niv'reʃet	נִברֶשֶת (נ)
leg (of a chair, table)	'regel	רֶגֶל (נ)
armrest	miʃ'enet yad	מִשעֶנֶת יָד (נ)
back (backrest)	miʃ'enet	מִשעֶנֶת (נ)
drawer	megera	מְגֵירָה (נ)

65. Bedding

bedclothes	matsa'im	מַצָעִים (ז"ר)
pillow	karit	כָּרִית (נ)
pillowslip	tsipit	צִיפִּית (נ)
duvet	smiχa	שׂמִיכָה (נ)
sheet	sadin	סָדִין (ז)
bedspread	kisui mita	כִּיסוּי מִיטָה (ז)

66. Kitchen

kitchen	mitbaχ	מִטבָּח (ז)
gas	gaz	גָז (ז)
gas cooker	tanur gaz	תַנוּר גָז (ז)
electric cooker	tanur χaʃmali	תַנוּר חַשמַלִי (ז)
oven	tanur afiya	תַנוּר אֲפִייָה (ז)
microwave oven	mikrogal	מִיקרוֹגַל (ז)
refrigerator	mekarer	מְקָרֵר (ז)
freezer	makpi	מַקפִּיא (ז)
dishwasher	me'diaχ kelim	מֵדִיחַ כֵּלִים (ז)
mincer	matχenat basar	מַטחֵנַת בָּשָׂר (נ)
juicer	masχeta	מַסחֵטָה (נ)
toaster	'toster	טוֹסטֶר (ז)
mixer	'mikser	מִיקסֶר (ז)
coffee machine	meχonat kafe	מְכוֹנַת קָפֶה (נ)
coffee pot	findʒan	פִינגָ'אן (ז)
coffee grinder	matχenat kafe	מַטחֵנַת קָפֶה (נ)
kettle	kumkum	קוּמקוּם (ז)
teapot	kumkum	קוּמקוּם (ז)
lid	miχse	מִכסֶה (ז)
tea strainer	mis'nenet te	מִסנֶנֶת תֵה (נ)
spoon	kaf	כַּף (נ)
teaspoon	kapit	כַּפִּית (נ)
soup spoon	kaf	כַּף (נ)
fork	mazleg	מַזלֵג (ז)
knife	sakin	סַכִּין (ז, נ)
tableware (dishes)	kelim	כֵּלִים (ז"ר)
plate (dinner ~)	tsa'laχat	צַלַחַת (נ)
saucer	taχtit	תַחתִית (נ)
shot glass	kosit	כּוֹסִית (נ)
glass (tumbler)	kos	כּוֹס (נ)
cup	'sefel	סֵפֶל (ז)
sugar bowl	mis'keret	מִסכֶּרֶת (נ)
salt cellar	milχiya	מִלחִייָה (נ)
pepper pot	pilpeliya	פִּלפְּלִייָה (נ)

butter dish	maχame'a	מַחֲמְאָה (ז)
stock pot (soup pot)	sir	סִיר (ז)
frying pan (skillet)	maχvat	מַחבַת (נ)
ladle	tarvad	תַרווָד (ז)
colander	mis'nenet	מִסנֶנֶת (נ)
tray (serving ~)	magaʃ	מַגָש (ז)
bottle	bakbuk	בַּקבּוּק (ז)
jar (glass)	ʦin'ʦenet	צִנצֶנֶת (נ)
tin (can)	paχit	פַּחִית (נ)
bottle opener	potχan bakbukim	פּוֹתחָן בַּקבּוּקִים (ז)
tin opener	potχan kufsa'ot	פּוֹתחָן קוּפסָאוֹת (ז)
corkscrew	maχleʦ	מַחלֵץ (ז)
filter	'filter	פִילטֶר (ז)
to filter (vt)	lesanen	לְסַנֵן
waste (food ~, etc.)	'zevel	זֶבֶל (ז)
waste bin (kitchen ~)	paχ 'zevel	פַּח זֶבֶל (ז)

67. Bathroom

bathroom	χadar am'batya	חֲדַר אַמבַּטיָה (ז)
water	'mayim	מַיִם (ז"ר)
tap	'berez	בֶּרֶז (ז)
hot water	'mayim χamim	מַיִם חַמִים (ז"ר)
cold water	'mayim karim	מַיִם קָרִים (ז"ר)
toothpaste	miʃχat ʃi'nayim	מִשחַת שִינַיִים (נ)
to clean one's teeth	leʦaχ'ʦeaχ ʃi'nayim	לְצַחצֵחַ שִינַיִים
toothbrush	miv'reʃet ʃi'nayim	מִברֶשֶת שִינַיִים (נ)
to shave (vi)	lehitga'leaχ	לְהִתגַלֵחַ
shaving foam	'keʦef gi'luaχ	קֶצֶף גִילוּחַ (ז)
razor	'ta'ar	תַעַר (ז)
to wash (one's hands, etc.)	liʃtof	לִשטוֹף
to have a bath	lehitraχeʦ	לְהִתרַחֵץ
shower	mik'laχat	מִקלַחַת (נ)
to have a shower	lehitka'leaχ	לְהִתקַלֵחַ
bath	am'batya	אַמבַּטיָה (נ)
toilet (toilet bowl)	asla	אַסלָה (נ)
sink (washbasin)	kiyor	כִּיוֹר (ז)
soap	sabon	סַבּוֹן (ז)
soap dish	saboniya	סַבּוֹנִייָה (נ)
sponge	sfog 'lifa	ספוֹג לִיפָה (ז)
shampoo	ʃampu	שַמפּוּ (ז)
towel	ma'gevet	מַגֶבֶת (נ)
bathrobe	χaluk raχatsa	חָלוּק רַחצָה (ז)
laundry (laundering)	kvisa	כּבִיסָה (נ)
washing machine	meχonat kvisa	מְכוֹנַת כּבִיסָה (נ)

to do the laundry	leχabes	לְכַבֵּס
washing powder	avkat kvisa	אַבקַת כּבִיסָה (נ)

68. Household appliances

TV, telly	tele'vizya	טֶלֶווִיזיָה (נ)
tape recorder	teip	טֵייפ (ז)
video	maχʃir 'vide'o	מַכשִיר וִידֶאוֹ (ז)
radio	'radyo	רַדיוֹ (ז)
player (CD, MP3, etc.)	nagan	נַגָן (ז)
video projector	makren	מַקרֵן (ז)
home cinema	kol'no'a beiti	קוֹלנוֹעַ בֵּיתִי (ז)
DVD player	nagan dividi	נַגָן DVD (ז)
amplifier	magber	מַגבֵּר (ז)
video game console	maχʃir plei'steiʃen	מַכשִיר פְּלֵייסטֵיישֶן (ז)
video camera	matslemat 'vide'o	מַצלֵמַת וִידֶאוֹ (נ)
camera (photo)	matslema	מַצלֵמָה (נ)
digital camera	matslema digi'talit	מַצלֵמָה דִיגִיטָלִית (נ)
vacuum cleaner	ʃo'ev avak	שוֹאֵב אָבָק (ז)
iron (e.g. steam ~)	maghets	מַגהֵץ (ז)
ironing board	'kereʃ gihuts	קֶרֶש גִיהוּץ (ז)
telephone	'telefon	טֶלֶפוֹן (ז)
mobile phone	'telefon nayad	טֶלֶפוֹן נַיָיד (ז)
typewriter	meχonat ktiva	מְכוֹנַת כּתִיבָה (נ)
sewing machine	meχonat tfira	מְכוֹנַת תפִירָה (נ)
microphone	mikrofon	מִיקרוֹפוֹן (ז)
headphones	ozniyot	אוֹזנִיוֹת (נ"ר)
remote control (TV)	'ʃelet	שֶלֶט (ז)
CD, compact disc	taklitor	תַקלִיטוֹר (ז)
cassette, tape	ka'letet	קַלֶטֶת (נ)
vinyl record	taklit	תַקלִיט (ז)

HUMAN ACTIVITIES

Job. Business. Part 1

69. Office. Working in the office

office (company ~)	misrad	מִשׂרָד (ז)
office (director's ~)	misrad	מִשׂרָד (ז)
reception desk	kabala	קַבָּלָה (נ)
secretary	mazkir	מַזכִּיר (ז)
secretary (fem.)	mazkira	מַזכִּירָה (נ)
director	menahel	מְנַהֵל (ז)
manager	menahel	מְנַהֵל (ז)
accountant	menahel χeʃbonot	מְנַהֵל חֶשבּוֹנוֹת (ז)
employee	oved	עוֹבֵד (ז)
furniture	rehitim	רָהִיטִים (ז"ר)
desk	ʃulχan	שוּלחָן (ז)
desk chair	kursa	כּוּרסָה (נ)
drawer unit	ʃidat megerot	שִידַת מְגֵירוֹת (נ)
coat stand	mitle	מִתלֶה (ז)
computer	maχʃev	מַחשֵב (ז)
printer	mad'peset	מַדפֶּסֶת (נ)
fax machine	faks	פַּקס (ז)
photocopier	meχonat tsilum	מְכוֹנַת צִילוּם (נ)
paper	neyar	נְיָיר (ז)
office supplies	tsiyud misradi	צִיוּד מִשׂרָדִי (ז)
mouse mat	ʃa'tiaχ le'aχbar	שָטִיחַ לְעַכבָּר (ז)
sheet of paper	daf	דַף (ז)
binder	klaser	קלָסֶר (ז)
catalogue	katalog	קָטָלוֹג (ז)
phone directory	madriχ 'telefon	מַדרִיך טֶלֶפוֹן (ז)
documentation	ti'ud	תִיעוּד (ז)
brochure (e.g. 12 pages ~)	χo'veret	חוֹבֶרֶת (נ)
leaflet (promotional ~)	alon	עָלוֹן (ז)
sample	dugma	דוּגמָה (נ)
training meeting	yeʃivat hadraχa	יְשִיבַת הַדרָכָה (נ)
meeting (of managers)	yeʃiva	יְשִיבָה (נ)
lunch time	hafsakat tsaha'rayim	הַפסָקַת צָהֳרַיִים (נ)
to make a copy	letsalem mismaχ	לְצַלֵם מִסמָך
to make multiple copies	lehaχin mispar otakim	לְהָכִין מִספָּר עוֹתָקִים
to receive a fax	lekabel faks	לְקַבֵּל פַּקס
to send a fax	liʃloaχ faks	לִשלוֹחַ פַּקס

to call (by phone)	lehitkaʃer	לְהִתקַשֵׁר
to answer (vt)	la'anot	לַעֲנוֹת
to put through	lekaʃer	לְקַשֵׁר
to arrange, to set up	lik'bo'a pgiʃa	לִקבּוֹעַ פּגִישָׁה
to demonstrate (vt)	lehadgim	לְהַדגִים
to be absent	lehe'ader	לְהֵיעָדֵר
absence	he'adrut	הֵיעָדרוּת (נ)

70. Business processes. Part 1

business	'esek	עֵסֶק (ז)
occupation	isuk	עִיסוּק (ז)
firm	χevra	חֶברָה (נ)
company	χevra	חֶברָה (נ)
corporation	ta'agid	תַאֲגִיד (ז)
enterprise	'esek	עֵסֶק (ז)
agency	soχnut	סוֹכנוּת (נ)
agreement (contract)	heskem	הֶסכֵּם (ז)
contract	χoze	חוֹזֶה (ז)
deal	iska	עִסקָה (נ)
order (to place an ~)	hazmana	הַזמָנָה (נ)
terms (of the contract)	tnai	תנַאי (ז)
wholesale (adv)	besitonut	בְּסִיטוֹנוּת
wholesale (adj)	sitona'i	סִיטוֹנָאִי
wholesale (n)	sitonut	סִיטוֹנוּת (נ)
retail (adj)	kim'oni	קִמעוֹנִי
retail (n)	kim'onut	קִמעוֹנוּת (נ)
competitor	mitχare	מִתחָרֶה (ז)
competition	taχarut	תַחֲרוּת (נ)
to compete (vi)	lehitχarot	לְהִתחָרוֹת
partner (associate)	ʃutaf	שׁוּתָף (ז)
partnership	ʃutafa	שׁוּתָפוּת (נ)
crisis	maʃber	מַשׁבֵּר (ז)
bankruptcy	pʃitat 'regel	פּשִׁיטַת רֶגֶל (נ)
to go bankrupt	lifʃot 'regel	לִפשׁוֹט רֶגֶל
difficulty	'koʃi	קוֹשִׁי (ז)
problem	be'aya	בְּעָיָה (נ)
catastrophe	ason	אָסוֹן (ז)
economy	kalkala	כַּלכָּלָה (נ)
economic (~ growth)	kalkali	כַּלכָּלִי
economic recession	mitun kalkali	מִיתוּן כַּלכָּלִי (ז)
goal (aim)	matara	מַטָרָה (נ)
task	mesima	מְשִׂימָה (נ)
to trade (vi)	lisχor	לִסחוֹר
network (distribution ~)	'reʃet	רֶשֶׁת (נ)

inventory (stock)	maχsan	מַחסָן (ז)
range (assortment)	mivχar	מִבחָר (ז)
leader (leading company)	manhig	מַנהִיג (ז)
large (~ company)	gadol	גָדוֹל
monopoly	'monopol	מוֹנוֹפּוֹל (ז)
theory	te"orya	תֵיאוֹרִיָה (נ)
practice	'praktika	פּרַקטִיקָה (נ)
experience (in my ~)	nisayon	נִיסָיוֹן (ז)
trend (tendency)	megama	מְגַמָה (נ)
development	pi'tuaχ	פִּיתוּחַ (ז)

71. Business processes. Part 2

profit (foregone ~)	'revaχ	רֶווַח (ז)
profitable (~ deal)	rivχi	רִווחִי
delegation (group)	miʃlaχat	מִשלַחַת (נ)
salary	mas'koret	מַשׂכּוֹרֶת (נ)
to correct (an error)	letaken	לְתַקֵן
business trip	nesiʿa batafkid	נְסִיעָה בַּתַפקִיד (נ)
commission	amla	עַמלָה (נ)
to control (vt)	liʃlot	לִשלוֹט
conference	kinus	כִּינוּס (ז)
licence	riʃayon	רִישָיוֹן (ז)
reliable (~ partner)	amin	אָמִין
initiative (undertaking)	yozma	יוֹזמָה (נ)
norm (standard)	'norma	נוֹרמָה (נ)
circumstance	nesibot	נְסִיבּוֹת (נ"ר)
duty (of an employee)	χova	חוֹבָה (נ)
organization (company)	irgun	אִרגוּן (ז)
organization (process)	hit'argenut	הִתאַרגְנוּת (נ)
organized (adj)	me'urgan	מְאוּרגָן
cancellation	bitul	בִּיטוּל (ז)
to cancel (call off)	levatel	לְבַטֵל
report (official ~)	doχ	דוֹחַ (ז)
patent	patent	פָּטֶנט (ז)
to patent (obtain patent)	lirʃom patent	לִרשוֹם פָּטֶנט
to plan (vt)	letaχnen	לְתַכנֵן
bonus (money)	'bonus	בּוֹנוּס (ז)
professional (adj)	miktsoʿi	מִקצוֹעִי
procedure	'nohal	נוֹהַל (ז)
to examine (contract, etc.)	livχon	לִבחוֹן
calculation	χiʃuv	חִישוּב (ז)
reputation	monitin	מוֹנִיטִין (ז"ר)
risk	sikun	סִיכּוּן (ז)
to manage, to run	lenahel	לְנַהֵל

information (report)	meida	מֵידָע (ז)
property	ba'alut	בַּעֲלוּת (נ)
union	igud	אִיגוּד (ז)
life insurance	bi'tuaχ χayim	בִּיטוּחַ חַיִים (ז)
to insure (vt)	leva'teaχ	לְבַטֵחַ
insurance	bi'tuaχ	בִּיטוּחַ (ז)
auction (~ sale)	meχira 'pombit	מְכִירָה פּוּמְבִּית (נ)
to notify (inform)	leho'dia	לְהוֹדִיעַ
management (process)	nihul	נִיהוּל (ז)
service (~ industry)	ʃirut	שֵׁירוּת (ז)
forum	'forum	פוֹרוּם (ז)
to function (vi)	letafked	לְתַפקֵד
stage (phase)	ʃalav	שָׁלָב (ז)
legal (~ services)	miʃpati	מִשפָּטִי
lawyer (legal advisor)	oreχ din	עוֹרֵך דִין (ז)

72. Production. Works

plant	mif'al	מִפעָל (ז)
factory	beit χa'roʃet	בֵּית חֲרוֹשֶׁת (ז)
workshop	agaf	אֲגַף (ז)
works, production site	mif'al	מִפעָל (ז)
industry (manufacturing)	ta'asiya	תַעֲשִׂייָה (נ)
industrial (adj)	ta'asiyati	תַעֲשִׂייָתִי
heavy industry	ta'asiya kveda	תַעֲשִׂייָה כּבֵדָה (נ)
light industry	ta'asiya kala	תַעֲשִׂייָה קַלָה (נ)
products	to'tseret	תוֹצֶרֶת (נ)
to produce (vt)	leyatser	לְייַצֵר
raw materials	'χomer 'gelem	חוֹמֶר גֶלֶם (ז)
foreman (construction ~)	menahel avoda	מְנַהֵל עֲבוֹדָה (ז)
workers team (crew)	'tsevet ovdim	צֶוֶות עוֹבדִים (ז)
worker	po'el	פּוֹעֵל (ז)
working day	yom avoda	יוֹם עֲבוֹדָה (ז)
pause (rest break)	hafsaka	הַפסָקָה (נ)
meeting	yeʃiva	יְשִׁיבָה (נ)
to discuss (vt)	ladun	לָדוּן
plan	toχnit	תוֹכנִית (נ)
to fulfil the plan	leva'tse'a et hatoχnit	לְבַצֵע אֶת הַתוֹכנִית
rate of output	'ketsev tfuka	קֶצֶב תפוּקָה (ז)
quality	eiχut	אֵיכוּת (נ)
control (checking)	bakara	בַּקָרָה (נ)
quality control	bakarat eiχut	בַּקָרַת אֵיכוּת (נ)
workplace safety	betiχut beavoda	בְּטִיחוּת בַּעֲבוֹדָה (נ)
discipline	miʃma'at	מִשמַעַת (נ)
violation (of safety rules, etc.)	hafara	הֲפָרָה (נ)

to violate (rules)	lehafer	לְהָפֵר
strike	ʃvita	שבִיתָה (נ)
striker	ʃovet	שוֹבֵת (ז)
to be on strike	liʃbot	לִשבּוֹת
trade union	igud ovdim	אִיגוּד עוֹבדִים (ז)
to invent (machine, etc.)	lehamtsi	לְהַמצִיא
invention	hamtsa'a	הַמצָאָה (נ)
research	meχkar	מֶחקָר (ז)
to improve (make better)	leʃaper	לְשַפֵּר
technology	teχno'logya	טֶכנוֹלוֹגיָה (נ)
technical drawing	sirtut	שִׂרטוּט (ז)
load, cargo	mit'an	מִטעָן (ז)
loader (person)	sabal	סַבָּל (ז)
to load (vehicle, etc.)	leha'amis	לְהַעֲמִיס
loading (process)	ha'amasa	הַעֲמָסָה (נ)
to unload (vi, vt)	lifrok mit'an	לִפרוֹק מִטעָן
unloading	prika	פּרִיקָה (נ)
transport	hovala	הוֹבָלָה (נ)
transport company	χevrat hovala	חֶברַת הוֹבָלָה (נ)
to transport (vt)	lehovil	לְהוֹבִיל
wagon	karon	קָרוֹן (ז)
tank (e.g., oil ~)	meχalit	מֵיכָלִית (נ)
lorry	masa'it	מַשָׂאִית (נ)
machine tool	meχonat ibud	מְכוֹנַת עִיבּוּד (נ)
mechanism	manganon	מַנגָנוֹן (ז)
industrial waste	'psolet ta'asiyatit	פּסוֹלֶת תַעֲשִׂייָתִית (נ)
packing (process)	ariza	אֲרִיזָה (נ)
to pack (vt)	le'eroz	לֶאֱרוֹז

73. Contract. Agreement

contract	χoze	חוֹזֶה (ז)
agreement	heskem	הֶסכֵּם (ז)
addendum	'sefaχ	סֶפַח (ז)
to sign a contract	la'aroχ heskem	לַעֲרוֹך הֶסכֵּם
signature	χatima	חֲתִימָה (נ)
to sign (vt)	laχtom	לַחתוֹם
seal (stamp)	χo'temet	חוֹתֶמֶת (נ)
subject of the contract	nose haχoze	נוֹשֵׂא הַחוֹזֶה (ז)
clause	se'if	סְעִיף (ז)
parties (in contract)	tsdadim	צדָדִים (ז"ר)
legal address	'ktovet miʃpatit	כּתוֹבֶת מִשפָּטִית (נ)
to violate the contract	lehafer χoze	לְהָפֵר חוֹזֶה
commitment (obligation)	hitχaivut	הִתחַייבוּת (נ)
responsibility	aχrayut	אַחרָיוּת (נ)

force majeure	'koaχ elyon	כּוֹחַ עֶליוֹן (ז)
dispute	vi'kuaχ	וִיכּוּחַ (ז)
penalties	itsumim	עִיצוּמִים (ז"ר)

74. Import & Export

import	ye'vu'a	יְבוּא (ז)
importer	yevu'an	יְבוּאָן (ז)
to import (vt)	leyabe	לְייַבֵּא
import (as adj.)	meyuba	מְיוּבָּא
export (exportation)	yitsu	יִיצוּא (ז)
exporter	yetsu'an	יְצוּאָן (ז)
to export (vt)	leyatse	לְייַצֵא
export (as adj.)	ʃel yitsu	שֶל יִיצוּא
goods (merchandise)	sχora	סחוֹרָה (נ)
consignment, lot	miʃloaχ	מִשלוֹחַ (ז)
weight	miʃkal	מִשקָל (ז)
volume	'nefaχ	נֶפַח (ז)
cubic metre	'meter me'ukav	מֶטֶר מְעוּקָב (ז)
manufacturer	yatsran	יַצרָן (ז)
transport company	χevrat hovala	חֶברַת הוֹבָלָה (נ)
container	meχula	מְכוּלָה (נ)
border	gvul	גבוּל (ז)
customs	'meχes	מֶכֶס (ז)
customs duty	mas 'meχes	מַס מֶכֶס (ז)
customs officer	pakid 'meχes	פָּקִיד מֶכֶס (ז)
smuggling	havraχa	הַברָחָה (נ)
contraband (smuggled goods)	sχora muv'reχet	סחוֹרָה מוּברַחַת (נ)

75. Finances

share, stock	menaya	מְנָיָה (נ)
bond (certificate)	i'geret χov	אִיגֶרֶת חוֹב (נ)
promissory note	ʃtar χalifin	שטַר חֲלִיפִין (ז)
stock exchange	'bursa	בּוּרסָה (נ)
stock price	meχir hamenaya	מְחִיר הַמְנָיָה (ז)
to go down (become cheaper)	la'redet bemeχir	לָרֶדֶת בְּמְחִיר
to go up (become more expensive)	lehityaker	לְהִתייַקֵר
share	menaya	מְנָיָה (נ)
controlling interest	ʃlita	שלִיטָה (נ)
investment	haʃka'ot	הַשקָעוֹת (נ"ר)

to invest (vt)	lehaʃki'a	לְהַשקִיעַ
percent	aχuz	אָחוּז (ז)
interest (on investment)	ribit	רִיבִּית (נ)
profit	'revaχ	רֶווַח (ז)
profitable (adj)	rivχi	רִווחִי
tax	mas	מַס (ז)
currency (foreign ~)	mat'be'a	מַטבֵּעַ (ז)
national (adj)	le'umi	לְאוּמִי
exchange (currency ~)	hamara	הֲמָרָה (נ)
accountant	ro'e χeʃbon	רוֹאֶה חֶשבּוֹן (ז)
accounting	hanhalat χeʃbonot	הַנהָלַת חֶשבּוֹנוֹת (נ)
bankruptcy	pʃitat 'regel	פשִיטַת רֶגֶל (נ)
collapse, ruin	krisa	קרִיסָה (נ)
ruin	pʃitat 'regel	פשִיטַת רֶגֶל (נ)
to be ruined (financially)	lifʃot 'regel	לִפשוֹט רֶגֶל
inflation	inf'latsya	אִינפלַציָה (נ)
devaluation	piχut	פִּיחוּת (ז)
capital	hon	הוֹן (ז)
income	haχnasa	הַכנָסָה (נ)
turnover	maχzor	מַחזוֹר (ז)
resources	maʃabim	מַשאַבִּים (ז"ר)
monetary resources	emtsa'im kaspiyim	אֶמצָעִים כַּספִּיִים (ז"ר)
overheads	hotsa'ot	הוֹצָאוֹת (נ"ר)
to reduce (expenses)	letsamtsem	לְצַמצֵם

76. Marketing

marketing	ʃivuk	שִיווּק (ז)
market	ʃuk	שוּק (ז)
market segment	'pelaχ ʃuk	פֶּלַח שוּק (ז)
product	mutsar	מוּצָר (ז)
goods (merchandise)	sχora	סחוֹרָה (נ)
brand	mutag	מוּתָג (ז)
trademark	'semel misχari	סֶמֶל מִסחָרִי (ז)
logotype	'semel haχevra	סֶמֶל הַחֶברָה (ז)
logo	'logo	לוֹגוֹ (ז)
demand	bikuʃ	בִּיקוּש (ז)
supply	he'tse'a	הֶיצֵעַ (ז)
need	'tsoreχ	צוֹרֶך (ז)
consumer	tsarχan	צַרכָן (ז)
analysis	ni'tuaχ	נִיתוּחַ (ז)
to analyse (vt)	lena'teaχ	לְנַתֵחַ
positioning	mitsuv	מִיצוּב (ז)
to position (vt)	lematsev	לְמַצֵב
price	meχir	מְחִיר (ז)
pricing policy	mediniyut timχur	מְדִינִיוּת תִמחוּר (נ)
price formation	hamχara	הַמחָרָה (נ)

77. Advertising

advertising	pirsum	פִּרסוּם (ז)
to advertise (vt)	lefarsem	לְפַרסֵם
budget	takʦiv	תַקצִיב (ז)
ad, advertisement	pir'somet	פִּרסוֹמֶת (נ)
TV advertising	pir'somet tele'vizya	פִּרסוֹמֶת טֶלֶוִויזיָה (נ)
radio advertising	pir'somet 'radyo	פִּרסוֹמֶת רַדיוֹ (נ)
outdoor advertising	pirsum χuʦot	פִּרסוּם חוּצוֹת (ז)
mass medias	emʦaʿei tik'ʃoret hamonim	אֶמצָעֵי תִקשוֹרֶת הָמוֹנִים (ז"ר)
periodical (n)	ktav et	כּתַב עֵת (ז)
image (public appearance)	tadmit	תַדמִית (נ)
slogan	sisma	סִיסמָה (נ)
motto (maxim)	'moto	מוֹטוֹ (ז)
campaign	masa	מַסָע (ז)
advertising campaign	masa pirsum	מַסָע פִּרסוּם (ז)
target group	oχlusiyat 'yaʿad	אוֹכלוּסִיַית יַעַד (נ)
business card	kartis bikur	כַּרטִיס בִּיקוּר (ז)
leaflet (promotional ~)	alon	עָלוֹן (ז)
brochure (e.g. 12 pages ~)	χo'veret	חוֹבֶרֶת (נ)
pamphlet	alon	עָלוֹן (ז)
newsletter	alon meida	עָלוֹן מֵידָע (ז)
signboard (store sign, etc.)	'ʃelet	שֶלֶט (ז)
poster	'poster	פּוֹסטֶר (ז)
hoarding	'luaχ pirsum	לוּחַ פִּרסוּם (ז)

78. Banking

bank	bank	בַּנק (ז)
branch (of a bank)	snif	סנִיף (ז)
consultant	yoʿeʦ	יוֹעֵץ (ז)
manager (director)	menahel	מְנַהֵל (ז)
bank account	χeʃbon	חֶשבּוֹן (ז)
account number	mispar χeʃbon	מִספַּר חֶשבּוֹן (ז)
current account	χeʃbon over vaʃav	חֶשבּוֹן עוֹבֵר וָשָב (ז)
deposit account	χeʃbon χisaχon	חֶשבּוֹן חִסָכוֹן (ז)
to open an account	lif'toaχ χeʃbon	לִפתוֹחַ חֶשבּוֹן
to close the account	lisgor χeʃbon	לִסגוֹר חֶשבּוֹן
to deposit into the account	lehafkid leχeʃbon	לְהַפקִיד לְחֶשבּוֹן
to withdraw (vt)	limʃoχ meχeʃbon	לִמשוֹך מֵחֶשבּוֹן
deposit	pikadon	פִּיקָדוֹן (ז)
to make a deposit	lehafkid	לְהַפקִיד
wire transfer	haʿavara banka'it	הַעֲבָרָה בַּנקָאִית (נ)

to wire, to transfer	lehaʿavir 'kesef	לְהַעֲבִיר כֶּסֶף
sum	sχum	סכום (ז)
How much?	'kama?	כַּמָּה?
signature	χatima	חֲתִימָה (נ)
to sign (vt)	laχtom	לַחתוֹם
credit card	kartis aʃrai	כַּרטִיס אַשרַאי (ז)
code (PIN code)	kod	קוֹד (ז)
credit card number	mispar kartis aʃrai	מִספַּר כַּרטִיס אַשרַאי (ז)
cashpoint	kaspomat	כַּספּוֹמָט (ז)
cheque	ʧek	צֶ'ק (ז)
to write a cheque	liχtov ʧek	לִכתוֹב צֶ'ק
chequebook	pinkas 'ʧekim	פִּנקָס צֶ'קִים (ז)
loan (bank ~)	halvaʾa	הַלוָואָה (נ)
to apply for a loan	levakeʃ halvaʾa	לְבַקֵשׁ הַלוָואָה
to get a loan	lekabel halvaʾa	לְקַבֵּל הַלוָואָה
to give a loan	lehalvot	לְהַלווֹת
guarantee	arvut	עַרבוּת (נ)

79. Telephone. Phone conversation

telephone	'telefon	טֶלֶפוֹן (ז)
mobile phone	'telefon nayad	טֶלֶפוֹן נַייָד (ז)
answerphone	meʃivon	מְשִׁיבוֹן (ז)
to call (by phone)	letsaltsel	לְצַלצֵל
call, ring	siχat 'telefon	שִׂיחַת טֶלֶפוֹן (נ)
to dial a number	leχayeg mispar	לְחַייֵג מִספָּר
Hello!	'halo!	הַלוֹ!
to ask (vt)	liʃol	לִשאוֹל
to answer (vi, vt)	laʿanot	לַעֲנוֹת
to hear (vt)	liʃmoʿa	לִשמוֹעַ
well (adv)	tov	טוֹב
not well (adv)	lo tov	לֹא טוֹב
noises (interference)	hafraʿot	הַפרָעוֹת (נ"ר)
receiver	ʃfo'feret	שפוֹפֶרֶת (נ)
to pick up (~ the phone)	leharim ʃfo'feret	לְהָרִים שפוֹפֶרֶת
to hang up (~ the phone)	leha'niaχ ʃfo'feret	לְהָנִיחַ שפוֹפֶרֶת
busy (engaged)	tafus	תָפוּס
to ring (ab. phone)	letsaltsel	לְצַלצֵל
telephone book	'sefer tele'fonim	סֵפֶר טֶלֶפוֹנִים (ז)
local (adj)	mekomi	מְקוֹמִי
local call	siχa mekomit	שִׂיחָה מְקוֹמִית (נ)
trunk (e.g. ~ call)	bein ironi	בֵּין עִירוֹנִי
trunk call	siχa bein ironit	שִׂיחָה בֵּין עִירוֹנִית (נ)
international (adj)	benleʾumi	בֵּינלְאוּמִי
international call	siχa benleʾumit	שִׂיחָה בֵּינלְאוּמִית (נ)

80. Mobile telephone

mobile phone	'telefon nayad	טֶלֶפוֹן נַיָיד (ז)
display	masaχ	מָסָך (ז)
button	kaftor	כַּפתוֹר (ז)
SIM card	kartis sim	כַּרטִיס סִים (ז)
battery	solela	סוֹלְלָה (נ)
to be flat (battery)	lehitroken	לְהִתרוֹקֵן
charger	mit'an	מִטעָן (ז)
menu	tafrit	תַפרִיט (ז)
settings	hagdarot	הַגדָרוֹת (נ"ר)
tune (melody)	mangina	מַנגִינָה (נ)
to select (vt)	livχor	לִבחוֹר
calculator	maχʃevon	מַחשְבוֹן (ז)
voice mail	ta koli	תָא קוֹלִי (ז)
alarm clock	ʃa'on me'orer	שְעוֹן מְעוֹרֵר (ז)
contacts	anʃei 'keʃer	אַנשֵי קֶשֶר (ז"ר)
SMS (text message)	misron	מִסרוֹן (ז)
subscriber	manui	מָנוּי (ז)

81. Stationery

ballpoint pen	et kaduri	עֵט כַּדוּרִי (ז)
fountain pen	et no've'a	עֵט נוֹבֵעַ (ז)
pencil	iparon	עִיפָּרוֹן (ז)
highlighter	'marker	מַרקֵר (ז)
felt-tip pen	tuʃ	טוּש (ז)
notepad	pinkas	פִּנקָס (ז)
diary	yoman	יוֹמָן (ז)
ruler	sargel	סַרגֵל (ז)
calculator	maχʃevon	מַחשְבוֹן (ז)
rubber	'maχak	מַחַק (ז)
drawing pin	'na'ats	נַעַץ (ז)
paper clip	mehadek	מְהַדֵק (ז)
glue	'devek	דֶבֶק (ז)
stapler	ʃadχan	שַדכָן (ז)
hole punch	menakev	מְנַקֵב (ז)
pencil sharpener	maχded	מַחדֵד (ז)

82. Kinds of business

accounting services	ʃerutei hanhalat χeʃbonot	שֵירוּתֵי הַנהָלַת חֶשבּוֹנוֹת (ז"ר)
advertising	pirsum	פִּרסוּם (ז)

advertising agency	soχnut pirsum	סוֹכנוּת פִּרסוּם (נ)
air-conditioners	mazganim	מַזגָנִים (ז"ר)
airline	χevrat teʿufa	חֶברַת תְעוּפָה (נ)
alcoholic beverages	maʃka'ot χarifim	מַשקָאוֹת חָרִיפִים (נ"ר)
antiques (antique dealers)	atikot	עַתִיקוֹת (נ"ר)
art gallery (contemporary ~)	ga'lerya le'amanut	גָלֶריָה לְאָמָנוּת (נ)
audit services	ʃerutei bi'koret χeʃbonot	שֵירוּתֵי בִּיקוֹרֶת חֶשבּוֹנוֹת (ז"ר)
banking industry	banka'ut	בַּנקָאוּת (נ)
beauty salon	meχon 'yofi	מְכוֹן יוֹפִי (ז)
bookshop	χanut sfarim	חֲנוּת סְפָרִים (נ)
brewery	miv'ʃelet 'bira	מִבשֶלֶת בִּירָה (נ)
business centre	merkaz asakim	מֶרכָּז עֲסָקִים (ז)
business school	beit 'sefer leʿasakim	בֵּית סֵפֶר לְעֲסָקִים (ז)
casino	ka'zino	קָזִינוֹ (ז)
chemist, pharmacy	beit mir'kaχat	בֵּית מִרקַחַת (ז)
cinema	kol'noʿa	קוֹלנוֹעַ (ז)
construction	bniya	בְּנִייָה (נ)
consulting	yiʿuts	יִיעוּץ (ז)
dental clinic	mirpa'at ʃi'nayim	מִרפְּאַת שִינַיִים (נ)
design	itsuv	עִיצוּב (ז)
dry cleaners	nikui yaveʃ	נִיקוּי יָבֵש (ז)
employment agency	soχnut 'koaχ adam	סוֹכנוּת כּוֹחַ אָדָם (נ)
financial services	ʃerutim fi'nansim	שֵירוּתִים פִינַנסִיים (ז"ר)
food products	mutsrei mazon	מוּצרֵי מָזוֹן (ז"ר)
furniture (e.g. house ~)	rehitim	רָהִיטִים (ז"ר)
clothing, garment	bgadim	בְּגָדִים (ז"ר)
hotel	beit malon	בֵּית מָלוֹן (ז)
ice-cream	'glida	גלִידָה (נ)
industry (manufacturing)	taʿasiya	תַעֲשִׂייָה (נ)
insurance	bi'tuaχ	בִּיטוּחַ (ז)
Internet	'internet	אִינטֶרנֶט (ז)
investments (finance)	haʃkaʿot	הַשקָעוֹת (נ"ר)
jeweller	tsoref	צוֹרֵף (ז)
jewellery	taχʃitim	תַכשִיטִים (ז"ר)
laundry (shop)	miχbasa	מִכבָּסָה (נ)
legal adviser	yoʿets miʃpati	יוֹעֵץ מִשפָּטִי (ז)
light industry	taʿasiya kala	תַעֲשִׂייָה קַלָה (נ)
magazine	ʒurnal	ז'וּרנָל (ז)
mail order selling	meχira be'do'ar	מְכִירָה בְּדוֹאַר (נ)
medicine	refu'a	רְפוּאָה (נ)
museum	muze'on	מוּזֵיאוֹן (ז)
news agency	soχnut yediʿot	סוֹכנוּת יְדִיעוֹת (נ)
newspaper	iton	עִיתוֹן (ז)
nightclub	moʿadon 'laila	מוֹעֲדוֹן לַילָה (ז)
oil (petroleum)	neft	נֵפט (ז)
courier services	ʃirut ʃliχim	שֵירוּת שלִיחִים (ז)

pharmaceutics	rokχut	רוֹקחוּת (נ)
printing (industry)	beit dfus	בֵּית דפוּס (ז)
pub	bar	בָּר (ז)
publishing house	hotsa'a la'or	הוֹצָאָה לָאוֹר (נ)
radio (~ station)	'radyo	רַדיוֹ (ז)
real estate	nadlan	נַדלָ"ן (ז)
restaurant	mis'ada	מִסעָדָה (נ)
security company	χevrat ʃmira	חֶברַת שמִירָה (נ)
shop	χanut	חָנוּת (נ)
sport	sport	ספּוֹרט (ז)
stock exchange	'bursa	בּוּרסָה (נ)
supermarket	super'market	סוּפֶּרמַרקֶט (ז)
swimming pool (public ~)	breχat sχiya	בְּרֵיכַת שׂחִייָה (נ)
tailor shop	mitpara	מִתפָּרָה (נ)
television	tele'vizya	טֶלֶווִיזיָה (נ)
theatre	te'atron	תֵיאַטרוֹן (ז)
trade (commerce)	misχar	מִסחָר (ז)
transport companies	hovalot	הוֹבָלוֹת (נ"ר)
travel	tayarut	תַייָרוּת (נ)
undertakers	beit levayot	בֵּית לְוָויוֹת (ז)
veterinary surgeon	veterinar	וֶטֶרִינָר (ז)
warehouse	maχsan	מַחסָן (ז)
waste collection	isuf 'zevel	אִיסוּף זֶבֶל (ז)

Job. Business. Part 2

83. Show. Exhibition

exhibition, show	taʿaruχa	תַעֲרוּכָה (נ)
trade show	taʿaruχa misχarit	תַעֲרוּכָה מִסחָרִית (נ)
participation	hiʃtatfut	הִשתַתפוּת (נ)
to participate (vi)	lehiʃtatef	לְהִשתַתֵף
participant (exhibitor)	miʃtatef	מִשתַתֵף (ז)
director	menahel	מְנַהֵל (ז)
organizers' office	misrad hameʾargenim	מִשׂרַד הַמְאַרגְנִים (ז)
organizer	meʾargen	מְאַרגֵן (ז)
to organize (vt)	leʾargen	לְאַרגֵן
participation form	'tofes hiʃtatfut	טוֹפֶס הִשתַתפוּת (ז)
to fill in (vt)	lemale	לְמַלֵא
details	pratim	פּרָטִים (ז"ר)
information	meida	מֵידָע (ז)
price (cost, rate)	meχir	מְחִיר (ז)
including	kolel	כּוֹלֵל
to include (vt)	liχlol	לִכלוֹל
to pay (vi, vt)	leʃalem	לְשַלֵם
registration fee	dmei riʃum	דמֵי רִישוּם (ז"ר)
entrance	knisa	כּנִיסָה (נ)
pavilion, hall	bitan	בִּיתָן (ז)
to register (vt)	lirʃom	לִרשוֹם
badge (identity tag)	tag	תָג (ז)
stand	duχan	דוּכָן (ז)
to reserve, to book	liʃmor	לִשמוֹר
display case	madaf tetsuga	מַדָף תְצוּגָה (ז)
spotlight	menorat spot	מְנוֹרַת ספּוֹט (נ)
design	itsuv	עִיצוּב (ז)
to place (put, set)	laʿaroχ	לַעֲרוֹך
to be placed	lehimatse	לְהִימָצֵא
distributor	mefits	מֵפִיץ (ז)
supplier	sapak	סַפָּק (ז)
to supply (vt)	lesapek	לְסַפֵּק
country	medina	מְדִינָה (נ)
foreign (adj)	meχul	מֵחוּ"ל
product	mutsar	מוּצָר (ז)
association	amuta	עֲמוּתָה (נ)
conference hall	ulam knasim	אוּלַם כֶּנֶסִים (ז)

congress	kongres	קוֹנגרֶס (ז)
contest (competition)	taχarut	תַחֲרוּת (נ)
visitor (attendee)	mevaker	מְבַקֵר (ז)
to visit (attend)	levaker	לְבַקֵר
customer	la'koaχ	לָקוֹחַ (ז)

84. Science. Research. Scientists

science	mada	מַדָע (ז)
scientific (adj)	mada'i	מַדָעִי
scientist	mad'an	מַדעָן (ז)
theory	te''orya	תֵיאוֹרִיָה (נ)
axiom	aks'yoma	אַקסיוֹמָה (נ)
analysis	ni'tuaχ	נִיתוּחַ (ז)
to analyse (vt)	lena'teaχ	לְנַתֵחַ
argument (strong ~)	nimuk	נִימוּק (ז)
substance (matter)	'χomer	חוֹמֶר (ז)
hypothesis	hipo'teza	הִיפּוֹתֶזָה (נ)
dilemma	di'lema	דִילֶמָה (נ)
dissertation	diser'tatsya	דִיסֶרטַצִיָה (נ)
dogma	'dogma	דוֹגמָה (נ)
doctrine	dok'trina	דוֹקטרִינָה (נ)
research	meχkar	מֶחקָר (ז)
to research (vt)	laχkor	לַחקוֹר
tests (laboratory ~)	nuisuyim	נִיסוּיִים (ז"ר)
laboratory	ma'abada	מַעבָּדָה (נ)
method	ʃita	שִיטָה (נ)
molecule	mo'lekula	מוֹלֶקוּלָה (נ)
monitoring	nitur	נִיטוּר (ז)
discovery (act, event)	gilui	גִילוּי (ז)
postulate	aks'yoma	אַקסיוֹמָה (נ)
principle	ikaron	עִיקָרוֹן (ז)
forecast	taχazit	תַחֲזִית (נ)
to forecast (vt)	laχazot	לַחֲזוֹת
synthesis	sin'teza	סִינתֶזָה (נ)
trend (tendency)	megama	מְגַמָה (נ)
theorem	miʃpat	מִשפָּט (ז)
teachings	tora	תוֹרָה (נ)
fact	uvda	עוּבדָה (נ)
expedition	miʃ'laχat	מִשלַחַת (נ)
experiment	nisui	נִיסוּי (ז)
academician	akademai	אָקָדֶמַאי (ז)
bachelor (e.g. ~ of Arts)	'to'ar riʃon	תוֹאַר רִאשוֹן (ז)
doctor (PhD)	'doktor	דוֹקטוֹר (ז)
Associate Professor	martse baχir	מַרצֶה בָּכִיר (ז)

Master (e.g. ~ of Arts)	musmaχ	מוּסמָך (ז)
professor	pro'fesor	פּרוֹפֶסוֹר (ז)

Professions and occupations

85. Job search. Dismissal

job	avoda	עֲבוֹדָה (נ)
staff (work force)	'segel	סֶגֶל (ז)
personnel	'segel	סֶגֶל (ז)
career	kar'yera	קַרייֶרָה (נ)
prospects (chances)	efʃaruyot	אֶפשָרוּיוֹת (נ"ר)
skills (mastery)	meyumanut	מְיוּמָנוּת (נ)
selection (screening)	sinun	סִינוּן (ז)
employment agency	soχnut 'koaχ adam	סוֹכנוּת כּוֹחַ אָדָם (נ)
curriculum vitae, CV	korot χayim	קוֹרוֹת חַיִים (נ"ר)
job interview	ra'ayon avoda	רַאֲיוֹן עֲבוֹדָה (ז)
vacancy	misra pnuya	מִשׂרָה פנוּיָה (נ)
salary, pay	mas'koret	מַשׂכּוֹרֶת (נ)
fixed salary	mas'koret kvu'a	מַשׂכּוֹרֶת קבוּעָה (נ)
pay, compensation	taʃlum	תַשלוּם (ז)
position (job)	tafkid	תַפקִיד (ז)
duty (of an employee)	χova	חוֹבָה (נ)
range of duties	tχum aχrayut	תחוּם אַחרָיוּת (ז)
busy (I'm ~)	asuk	עָסוּק
to fire (dismiss)	lefater	לְפַטֵר
dismissal	pitur	פִּיטוּר (ז)
unemployment	avtala	אַבטָלָה (נ)
unemployed (n)	muvtal	מוּבטָל (ז)
retirement	'pensya	פֶּנסִיָה (נ)
to retire (from job)	latset legimla'ot	לָצֵאת לְגִימלָאוֹת

86. Business people

director	menahel	מְנַהֵל (ז)
manager (director)	menahel	מְנַהֵל (ז)
boss	bos	בּוֹס (ז)
superior	memune	מְמוּנֶה (ז)
superiors	memunim	מְמוּנִים (ז"ר)
president	nasi	נָשִׂיא (ז)
chairman	yoʃev roʃ	יוֹשֵב רֹאש (ז)
deputy (substitute)	sgan	סגָן (ז)
assistant	ozer	עוֹזֵר (ז)

secretary	mazkir	מַזכִּיר (ז)
personal assistant	mazkir iʃi	מַזכִּיר אִישִי (ז)
businessman	iʃ asakim	אִיש עֲסָקִים (ז)
entrepreneur	yazam	יַזָם (ז)
founder	meyased	מְייַסֵד (ז)
to found (vt)	leyased	לְייַסֵד
founding member	meχonen	מְכוֹנֵן (ז)
partner	ʃutaf	שוּתָף (ז)
shareholder	'ba'al menayot	בַּעַל מְנָיוֹת (ז)
millionaire	milyoner	מִילִיוֹנֶר (ז)
billionaire	milyarder	מִילִיַארדֶר (ז)
owner, proprietor	be'alim	בְּעָלִים (ז)
landowner	'ba'al adamot	בַּעַל אֲדָמוֹת (ז)
client	la'koaχ	לָקוֹחַ (ז)
regular client	la'koaχ ka'vu'a	לָקוֹחַ קָבוּעַ (ז)
buyer (customer)	kone	קוֹנֶה (ז)
visitor	mevaker	מְבַקֵר (ז)
professional (n)	miktso'an	מִקצוֹעָן (ז)
expert	mumχe	מוּמחֶה (ז)
specialist	mumχe	מוּמחֶה (ז)
banker	bankai	בַּנקַאי (ז)
broker	soχen	סוֹכֵן (ז)
cashier	kupai	קוּפַּאי (ז)
accountant	menahel χeʃbonot	מְנַהֵל חֶשבּוֹנוֹת (ז)
security guard	ʃomer	שוֹמֵר (ז)
investor	maʃki'a	מַשקִיעַ (ז)
debtor	'ba'al χov	בַּעַל חוֹב (ז)
creditor	malve	מַלוֶוה (ז)
borrower	love	לוֹוֶה (ז)
importer	yevu'an	יְבוּאָן (ז)
exporter	yetsu'an	יְצוּאָן (ז)
manufacturer	yatsran	יַצרָן (ז)
distributor	mefits	מְפִיץ (ז)
middleman	metaveχ	מְתַווֵך (ז)
consultant	yo'ets	יוֹעֵץ (ז)
sales representative	natsig meχirot	נָצִיג מְכִירוֹת (ז)
agent	soχen	סוֹכֵן (ז)
insurance agent	soχen bi'tuaχ	סוֹכֵן בִּיטוּחַ (ז)

87. Service professions

cook	tabaχ	טַבָּח (ז)
chef (kitchen chef)	ʃef	שֶף (ז)

baker	ofe	אוֹפֶה (ז)
barman	'barmen	בַּרמֶן (ז)
waiter	meltsar	מֶלצַר (ז)
waitress	meltsarit	מֶלצָרִית (נ)
lawyer, barrister	oreχ din	עוֹרֵך דִין (ז)
lawyer (legal expert)	oreχ din	עוֹרֵך דִין (ז)
notary public	notaryon	נוֹטַריוֹן (ז)
electrician	χaʃmalai	חַשמַלאַי (ז)
plumber	ʃravrav	שרַברָב (ז)
carpenter	nagar	נַגָר (ז)
masseur	ma'ase	מְעַסֶה (ז)
masseuse	masa'ʒistit	מַסָז'יסטִית (נ)
doctor	rofe	רוֹפֵא (ז)
taxi driver	nahag monit	נַהַג מוֹנִית (ז)
driver	nahag	נַהָג (ז)
delivery man	ʃa'liaχ	שָלִיחַ (ז)
chambermaid	χadranit	חַדרָנִית (נ)
security guard	ʃomer	שוֹמֵר (ז)
flight attendant (fem.)	da'yelet	דַייֶלֶת (נ)
schoolteacher	more	מוֹרֶה (ז)
librarian	safran	סַפרָן (ז)
translator	metargem	מְתַרגֵם (ז)
interpreter	meturgeman	מְתוּרגְמָן (ז)
guide	madriχ tiyulim	מַדרִיך טִיוּלִים (ז)
hairdresser	sapar	סַפָּר (ז)
postman	davar	דַוָור (ז)
salesman (store staff)	moχer	מוֹכֵר (ז)
gardener	ganan	גַנָן (ז)
domestic servant	meʃaret	מְשָרֵת (ז)
maid (female servant)	meʃa'retet	מְשָרֶתֶת (נ)
cleaner (cleaning lady)	menaka	מְנַקָה (נ)

88. Military professions and ranks

private	turai	טוּרַאי (ז)
sergeant	samal	סַמָל (ז)
lieutenant	'segen	סֶגֶן (ז)
captain	'seren	סֶרֶן (ז)
major	rav 'seren	רַב־סֶרֶן (ז)
colonel	aluf miʃne	אַלוּף מִשנֶה (ז)
general	aluf	אַלוּף (ז)
marshal	'marʃal	מַרשָל (ז)
admiral	admiral	אַדמִירָל (ז)
military (n)	iʃ tsava	אִיש צָבָא (ז)
soldier	χayal	חַייָל (ז)

officer	katsin	קָצִין (ז)
commander	mefaked	מְפַקֵד (ז)
border guard	ʃomer gvul	שׁוֹמֵר גבול (ז)
radio operator	alχutai	אַלחוּטָאִי (ז)
scout (searcher)	iʃ modiʿin kravi	אִישׁ מוֹדִיעִין קְרָבִי (ז)
pioneer (sapper)	χablan	חַבְּלָן (ז)
marksman	tsalaf	צַלָף (ז)
navigator	navat	נַווָט (ז)

89. Officials. Priests

king	'meleχ	מֶלֶך (ז)
queen	malka	מַלכָּה (נ)
prince	nasiχ	נָסִיך (ז)
princess	nesiχa	נְסִיכָה (נ)
czar	tsar	צָאר (ז)
czarina	tsa'rina	צָארִינָה (נ)
president	nasi	נָשִׂיא (ז)
Secretary (minister)	sar	שַׂר (ז)
prime minister	roʃ memʃala	רֹאשׁ מֶמשָׁלָה (ז)
senator	se'nator	סֶנָאטוֹר (ז)
diplomat	diplomat	דִיפּלוֹמָט (ז)
consul	'konsul	קוֹנסוּל (ז)
ambassador	ʃagrir	שַׁגרִיר (ז)
counselor (diplomatic officer)	yoʿets	יוֹעֵץ (ז)
official, functionary (civil servant)	pakid	פָּקִיד (ז)
prefect	prefekt	פּרֶפֶקט (ז)
mayor	roʃ haʿir	רֹאשׁ הָעִיר (ז)
judge	ʃofet	שׁוֹפֵט (ז)
prosecutor	to'veʿa	תוֹבֵעַ (ז)
missionary	misyoner	מִיסיוֹנֶר (ז)
monk	nazir	נָזִיר (ז)
abbot	roʃ minzar ka'toli	רֹאשׁ מִנזָר קָתוֹלִי (ז)
rabbi	rav	רַב (ז)
vizier	vazir	וָזִיר (ז)
shah	ʃaχ	שָׁאח (ז)
sheikh	ʃeiχ	שֵׁיח (ז)

90. Agricultural professions

beekeeper	kavran	כַּוורָן (ז)
shepherd	roʿe tson	רוֹעֵה צֹאן (ז)

agronomist	agronom	אַגרוֹנוֹם (ז)
cattle breeder	megadel bakar	מְגַדֵל בָּקָר (ז)
veterinary surgeon	veterinar	וֶטֶרִינָר (ז)
farmer	χavai	חַוָואי (ז)
winemaker	yeinan	יֵינָן (ז)
zoologist	zo'olog	זוֹאוֹלוֹג (ז)
cowboy	'ka'uboi	קָאוּבּוֹי (ז)

91. Art professions

actor	saχkan	שַׂחקָן (ז)
actress	saχkanit	שַׂחקָנִית (נ)
singer (masc.)	zamar	זַמָר (ז)
singer (fem.)	za'meret	זַמֶרֶת (נ)
dancer (masc.)	rakdan	רַקדָן (ז)
dancer (fem.)	rakdanit	רַקדָנִית (נ)
performer (masc.)	saχkan	שַׂחקָן (ז)
performer (fem.)	saχkanit	שַׂחקָנִית (נ)
musician	muzikai	מוּזִיקַאי (ז)
pianist	psantran	פְּסַנתְרָן (ז)
guitar player	nagan gi'tara	נַגַן גִיטָרָה (ז)
conductor (orchestra ~)	mena'tseaχ	מְנַצֵחַ (ז)
composer	malχin	מַלחִין (ז)
impresario	amargan	אֲמַרגָן (ז)
film director	bamai	בַּמַאי (ז)
producer	mefik	מֵפִיק (ז)
scriptwriter	tasritai	תַסרִיטַאי (ז)
critic	mevaker	מְבַקֵר (ז)
writer	sofer	סוֹפֵר (ז)
poet	meʃorer	מְשוֹרֵר (ז)
sculptor	pasal	פַסָל (ז)
artist (painter)	tsayar	צַייָר (ז)
juggler	lahatutan	לַהֲטוּטָן (ז)
clown	leitsan	לֵיצָן (ז)
acrobat	akrobat	אַקרוֹבָּט (ז)
magician	kosem	קוֹסֵם (ז)

92. Various professions

doctor	rofe	רוֹפֵא (ז)
nurse	aχot	אָחוֹת (נ)
psychiatrist	psiχi''ater	פּסִיכִיאָטֶר (ז)
dentist	rofe ʃi'nayim	רוֹפֵא שִינַיִים (ז)

surgeon	kirurg	כִּירוּרג (ז)
astronaut	astro'naʾut	אַסטרוֹנָאוּט (ז)
astronomer	astronom	אַסטרוֹנוֹם (ז)
pilot	tayas	טַיָּיס (ז)
driver (of a taxi, etc.)	nahag	נַהָג (ז)
train driver	nahag ra'kevet	נַהַג רַכֶּבֶת (ז)
mechanic	meχonai	מְכוֹנַאי (ז)
miner	kore	כּוֹרֶה (ז)
worker	poʿel	פּוֹעֵל (ז)
locksmith	misgad	מַסגֵּר (ז)
joiner (carpenter)	nagar	נַגָּר (ז)
turner (lathe operator)	χarat	חָרָט (ז)
building worker	banai	בַּנַּאי (ז)
welder	rataχ	רַתָּך (ז)
professor (title)	pro'fesor	פּרוֹפֶסוֹר (ז)
architect	adriχal	אַדרִיכָל (ז)
historian	historyon	הִיסטוֹריוֹן (ז)
scientist	madʿan	מַדעָן (ז)
physicist	fizikai	פִיזִיקַאי (ז)
chemist (scientist)	χimai	כִימַאי (ז)
archaeologist	arχeʾolog	אַרכֵיאוֹלוֹג (ז)
geologist	geʾolog	גֵיאוֹלוֹג (ז)
researcher (scientist)	χoker	חוֹקֵר (ז)
babysitter	ʃmartaf	שמַרטַף (ז)
teacher, educator	more, meχaneχ	מוֹרֶה, מְחַנֵך (ז)
editor	oreχ	עוֹרֵך (ז)
editor-in-chief	oreχ raʃi	עוֹרֵך רָאשִי (ז)
correspondent	katav	כַּתָב (ז)
typist (fem.)	kaldanit	קַלדָנִית (נ)
designer	meʿatsev	מְעַצֵב (ז)
computer expert	mumχe maχʃevim	מוּמחֶה מַחשְבִים (ז)
programmer	metaχnet	מְתַכנֵת (ז)
engineer (designer)	mehandes	מְהַנדֵס (ז)
sailor	yamai	יַמַאי (ז)
seaman	malaχ	מַלָח (ז)
rescuer	matsil	מַצִיל (ז)
firefighter	kabai	כַּבַּאי (ז)
police officer	ʃoter	שוֹטֵר (ז)
watchman	ʃomer	שוֹמֵר (ז)
detective	balaʃ	בַּלָש (ז)
customs officer	pakid 'meχes	פְּקִיד מֶכֶס (ז)
bodyguard	ʃomer roʃ	שוֹמֵר רֹאש (ז)
prison officer	soher	סוֹהֵר (ז)
inspector	mefa'keaχ	מְפַקֵחַ (ז)
sportsman	sportai	ספּוֹרטַאי (ז)
trainer, coach	meʾamen	מְאַמֵן (ז)

butcher	katsav	קַצָּב (ז)
cobbler (shoe repairer)	sandlar	סַנדלָר (ז)
merchant	soχer	סוֹחֵר (ז)
loader (person)	sabal	סַבָּל (ז)
fashion designer	me'atsev ofna	מְעַצֵב אוֹפנָה (ז)
model (fem.)	dugmanit	דוּגמָנִית (נ)

93. Occupations. Social status

schoolboy	talmid	תַלמִיד (ז)
student (college ~)	student	סטוּדֶנט (ז)
philosopher	filosof	פִילוֹסוֹף (ז)
economist	kalkelan	כַּלכְּלָן (ז)
inventor	mamtsi	מַמצִיא (ז)
unemployed (n)	muvtal	מוּבטָל (ז)
retiree, pensioner	pensyoner	פֶּנסיוֹנֶר (ז)
spy, secret agent	meragel	מְרַגֵל (ז)
prisoner	asir	אָסִיר (ז)
striker	ʃovet	שוֹבֵת (ז)
bureaucrat	birokrat	בִּירוֹקרָט (ז)
traveller (globetrotter)	metayel	מְטַייֵל (ז)
gay, homosexual (n)	'lesbit, 'homo	לֶסבִּית (נ), הוֹמוֹ (ז)
hacker	'haker	הָאקֶר (ז)
hippie	'hipi	הִיפִּי (ז)
bandit	ʃoded	שוֹדֵד (ז)
hit man, killer	ro'tseaχ saχir	רוֹצֵחַ שָׂכִיר (ז)
drug addict	narkoman	נַרקוֹמָן (ז)
drug dealer	soχer samim	סוֹחֵר סַמִים (ז)
prostitute (fem.)	zona	זוֹנָה (נ)
pimp	sarsur	סַרסוּר (ז)
sorcerer	meχaʃef	מְכַשֵף (ז)
sorceress (evil ~)	maχʃefa	מַכשֵפָה (נ)
pirate	ʃoded yam	שוֹדֵד יָם (ז)
slave	ʃifχa, 'eved	שִפחָה (נ), עֶבֶד (ז)
samurai	samurai	סָמוּרַאי (ז)
savage (primitive)	'pere adam	פֶּרֶא אָדָם (ז)

Education

94. School

school	beit 'sefer	בֵּית סֵפֶר (ז)
headmaster	menahel beit 'sefer	מְנַהֵל בֵּית סֵפֶר (ז)
student (m)	talmid	תַלמִיד (ז)
student (f)	talmida	תַלמִידָה (נ)
schoolboy	talmid	תַלמִיד (ז)
schoolgirl	talmida	תַלמִידָה (נ)
to teach (sb)	lelamed	לְלַמֵד
to learn (language, etc.)	lilmod	לִלמוֹד
to learn by heart	lilmod be'al pe	לִלמוֹד בְּעַל פֶּה
to learn (~ to count, etc.)	lilmod	לִלמוֹד
to be at school	lilmod	לִלמוֹד
to go to school	la'leχet le'beit 'sefer	לָלֶכֶת לְבֵית סֵפֶר
alphabet	alefbeit	אָלֶפבֵּית (ז)
subject (at school)	mik'ʦo'a	מִקצוֹעַ (ז)
classroom	kita	כִּיתָה (נ)
lesson	ʃi'ur	שִיעוּר (ז)
playtime, break	hafsaka	הַפסָקָה (נ)
school bell	pa'amon	פַּעֲמוֹן (ז)
school desk	ʃulχan limudim	שולחַן לִימוּדִים (ז)
blackboard	'luaχ	לוּחַ (ז)
mark	ʦiyun	צִיוּן (ז)
good mark	ʦiyun tov	צִיוּן טוֹב (ז)
bad mark	ʦiyun ga'ru'a	צִיוּן גָרוּעַ (ז)
to give a mark	latet ʦiyun	לָתֵת צִיוּן
mistake, error	ta'ut	טָעוּת (נ)
to make mistakes	la'asot ta'uyot	לַעֲשׂוֹת טָעוּיוֹת
to correct (an error)	letaken	לְתַקֵן
crib	ʃlif	שלִיף (ז)
homework	ʃi'urei 'bayit	שִיעוּרֵי בַּיִת (ז"ר)
exercise (in education)	targil	תַרגִיל (ז)
to be present	lihyot no'χeaχ	לִהיוֹת נוֹכֵחַ
to be absent	lehe'ader	לְהֵיעָדֵר
to miss school	lehaχsir	לְהַחסִיר
to punish (vt)	leha'aniʃ	לְהַעֲנִיש
punishment	'oneʃ	עוֹנֶש (ז)
conduct (behaviour)	hitnahagut	הִתנַהֲגוּת (נ)

school report	yoman beit 'sefer	יוֹמָן בֵּית סֵפֶר (ז)
pencil	iparon	עִיפָּרוֹן (ז)
rubber	'maχak	מַחַק (ז)
chalk	gir	גִיר (ז)
pencil case	kalmar	קַלמָר (ז)
schoolbag	yalkut	יַלקוּט (ז)
pen	et	עֵט (ז)
exercise book	maχ'beret	מַחבֶּרֶת (נ)
textbook	'sefer limud	סֵפֶר לִימוּד (ז)
compasses	meχuga	מְחוּגָה (נ)
to make technical drawings	lesartet	לְשַׂרטֵט
technical drawing	sirtut	שִׂרטוּט (ז)
poem	ʃir	שִיר (ז)
by heart (adv)	be'al pe	בְּעַל פֶּה
to learn by heart	lilmod be'al pe	לִלמוֹד בְּעַל פֶּה
school holidays	χufʃa	חוּפשָה (נ)
to be on holiday	lihyot beχufʃa	לִהיוֹת בְּחוּפשָה
to spend holidays	leha'avir 'χofeʃ	לְהַעֲבִיר חוֹפֶש
test (at school)	mivχan	מִבחָן (ז)
essay (composition)	χibur	חִיבּוּר (ז)
dictation	haχtava	הַכתָבָה (נ)
exam (examination)	bχina	בּחִינָה (נ)
to do an exam	lehibaχen	לְהִיבָּחֵן
experiment (e.g., chemistry ~)	nisui	נִיסוּי (ז)

95. College. University

academy	aka'demya	אֲקָדֶמיָה (נ)
university	uni'versita	אוּנִיבֶרסִיטָה (נ)
faculty (e.g., ~ of Medicine)	fa'kulta	פָקוּלטָה (נ)
student (masc.)	student	סטוּדֶנט (ז)
student (fem.)	stu'dentit	סטוּדֶנטִית (נ)
lecturer (teacher)	martse	מַרצֶה (ז)
lecture hall, room	ulam hartsa'ot	אוּלַם הַרצָאוֹת (ז)
graduate	boger	בּוֹגֵר (ז)
diploma	di'ploma	דִיפלוֹמָה (נ)
dissertation	diser'tatsya	דִיסֶרטַציָה (נ)
study (report)	meχkar	מֶחקָר (ז)
laboratory	ma'abada	מַעֲבָּדָה (נ)
lecture	hartsa'a	הַרצָאָה (נ)
coursemate	χaver lelimudim	חָבֵר לְלִימוּדִים (ז)
scholarship, bursary	milga	מִלגָה (נ)
academic degree	'to'ar aka'demi	תוֹאַר אָקָדֶמִי (ז)

96. Sciences. Disciplines

mathematics	mate'matika	מָתֶמָטִיקָה (נ)
algebra	'algebra	אַלגֶבּרָה (נ)
geometry	ge'o'metriya	גֵיאוֹמֶטרִיָה (נ)
astronomy	astro'nomya	אַסטרוֹנוֹמיָה (נ)
biology	bio'logya	בִּיוֹלוֹגיָה (נ)
geography	ge'o'grafya	גֵיאוֹגרַפיָה (נ)
geology	ge'o'logya	גֵיאוֹלוֹגיָה (נ)
history	his'torya	הִיסטוֹריָה (נ)
medicine	refu'a	רְפוּאָה (נ)
pedagogy	χinuχ	חִינוּך (ז)
law	miʃpatim	מִשפָּטִים (ז"ר)
physics	'fizika	פִיזִיקָה (נ)
chemistry	'χimya	כִימִיָה (נ)
philosophy	filo'sofya	פִילוֹסוֹפיָה (נ)
psychology	psiχo'logya	פסִיכוֹלוֹגיָה (נ)

97. Writing system. Orthography

grammar	dikduk	דִקדוּק (ז)
vocabulary	otsar milim	אוֹצַר מִילִים (ז)
phonetics	torat ha'hege	תוֹרַת הַהֶגֶה (נ)
noun	ʃem 'etsem	שֵם עֶצֶם (ז)
adjective	ʃem 'to'ar	שֵם תוֹאַר (ז)
verb	po'el	פוֹעַל (ז)
adverb	'to'ar 'po'al	תוֹאַר פוֹעַל (ז)
pronoun	ʃem guf	שֵם גוּף (ז)
interjection	milat kri'a	מִילַת קרִיאָה (נ)
preposition	milat 'yaχas	מִילַת יַחַס (נ)
root	'ʃoreʃ	שוֹרֶש (ז)
ending	si'yomet	סִיוֹמֶת (נ)
prefix	tχilit	תחִילִית (נ)
syllable	havara	הֲבָרָה (נ)
suffix	si'yomet	סִיוֹמֶת (נ)
stress mark	'ta'am	טַעַם (ז)
apostrophe	'gereʃ	גֶרֶש (ז)
full stop	nekuda	נְקוּדָה (נ)
comma	psik	פסִיק (ז)
semicolon	nekuda ufsik	נְקוּדָה וּפסִיק (נ)
colon	nekudo'tayim	נְקוּדוֹתַיִים (נ"ר)
ellipsis	ʃaloʃ nekudot	שָלוֹש נְקוּדוֹת (נ"ר)
question mark	siman ʃe'ela	סִימַן שְאֵלָה (ז)
exclamation mark	siman kri'a	סִימַן קרִיאָה (ז)

inverted commas	merχaʼot	מְרכָאוֹת (ז"ר)
in inverted commas	bemerχaʼot	בְּמֵרכָאוֹת
parenthesis	sog'rayim	סוֹגרַיִים (ז"ר)
in parenthesis	besog'rayim	בְּסוֹגרַיִים
hyphen	makaf	מַקָף (ז)
dash	kav mafrid	קַו מַפרִיד (ז)
space (between words)	'revaχ	רֶווַח (ז)
letter	ot	אוֹת (נ)
capital letter	ot gdola	אוֹת גדוֹלָה (נ)
vowel (n)	tnuʿa	תנוּעָה (נ)
consonant (n)	itsur	עִיצוּר (ז)
sentence	miʃpat	מִשפָּט (ז)
subject	nose	נוֹשֵׂא (ז)
predicate	nasu	נָשׂוּא (ז)
line	ʃura	שוּרָה (נ)
on a new line	beʃura χadaʃa	בְּשוּרָה חֲדָשָה
paragraph	piska	פִּסקָה (נ)
word	mila	מִילָה (נ)
group of words	tsiruf milim	צֵירוּף מִילִים (ז)
expression	bitui	בִּיטוּי (ז)
synonym	mila nir'defet	מִילָה נִרדֶפֶת (נ)
antonym	'hefeχ	הֶפֶך (ז)
rule	klal	כּלָל (ז)
exception	yotse min haklal	יוֹצֵא מִן הַכּלָל (ז)
correct (adj)	naχon	נָכוֹן
conjugation	hataya	הַטָיָיה (נ)
declension	hataya	הַטָיָיה (נ)
nominal case	yaχasa	יַחֲסָה (נ)
question	ʃeʼela	שְאֵלָה (נ)
to underline (vt)	lehadgiʃ	לְהַדגִיש
dotted line	kav nakud	קַו נָקוּד (ז)

98. Foreign languages

language	safa	שָׂפָה (נ)
foreign (adj)	zar	זָר
foreign language	safa zara	שָׂפָה זָרָה (נ)
to study (vt)	lilmod	ללמוֹד
to learn (language, etc.)	lilmod	ללמוֹד
to read (vi, vt)	likro	לִקרוֹא
to speak (vi, vt)	ledaber	לְדַבֵּר
to understand (vt)	lehavin	לְהָבִין
to write (vt)	liχtov	לִכתוֹב
fast (adv)	maher	מַהֵר
slowly (adv)	leʼat	לְאַט

fluently (adv)	χofʃi	חוֹפשִי
rules	klalim	כּלָלִים (ז"ר)
grammar	dikduk	דִקדוּק (ז)
vocabulary	ot͡sar milim	אוֹצַר מִילִים (ז)
phonetics	torat ha'hege	תוֹרַת הַהֶגֶה (נ)
textbook	'sefer limud	סֵפֶר לִימוּד (ז)
dictionary	milon	מִילוֹן (ז)
teach-yourself book	'sefer lelimud at͡smi	סֵפֶר לְלִימוּד עַצמִי (ז)
phrasebook	siχon	שִׂיחוֹן (ז)
cassette, tape	ka'letet	קַלֶטֶת (נ)
videotape	ka'letet 'videʾo	קַלֶטֶת וִידֵיאוֹ (נ)
CD, compact disc	taklitor	תַקלִיטוֹר (ז)
DVD	di vi di	דִי. וִי. דִי. (ז)
alphabet	alefbeit	אָלֶפבֵּית (ז)
to spell (vt)	leʾayet	לְאַיֵית
pronunciation	hagiya	הֲגִייָה (נ)
accent	mivta	מִבטָא (ז)
with an accent	im mivta	עִם מִבטָא
without an accent	bli mivta	בּלִי מִבטָא
word	mila	מִילָה (נ)
meaning	maʃma'ut	מַשמָעוּת (נ)
course (e.g. a French ~)	kurs	קוּרס (ז)
to sign up	leheraʃem lekurs	לְהֵירָשֵם לְקוּרס
teacher	more	מוֹרֶה (ז)
translation (process)	tirgum	תִרגוּם (ז)
translation (text, etc.)	tirgum	תִרגוּם (ז)
translator	metargem	מְתַרגֵם (ז)
interpreter	meturgeman	מְתוּרגְמָן (ז)
polyglot	poliglot	פּוֹלִיגלוֹט (ז)
memory	zikaron	זִיכָּרוֹן (ז)

Rest. Entertainment. Travel

99. Trip. Travel

tourism, travel	tayarut	תַיָירוּת (נ)
tourist	tayar	תַיָיר (ז)
trip, voyage	tiyul	טִיוּל (ז)
adventure	harpatka	הַרפַּתקָה (נ)
trip, journey	nesi'a	נְסִיעָה (נ)
holiday	χufʃa	חוּפשָׁה (נ)
to be on holiday	lihyot beχufʃa	לִהיוֹת בְּחוּפשָׁה
rest	menuχa	מְנוּחָה (נ)
train	ra'kevet	רַכֶּבֶת (נ)
by train	bera'kevet	בְּרַכֶּבֶת
aeroplane	matos	מָטוֹס (ז)
by aeroplane	bematos	בְּמָטוֹס
by car	bemeχonit	בִּמְכוֹנִית
by ship	be'oniya	בְּאוֹנִייָה
luggage	mit'an	מִטעָן (ז)
suitcase	mizvada	מִזווָדָה (נ)
luggage trolley	eglat mit'an	עֶגלַת מִטעָן (נ)
passport	darkon	דַרכּוֹן (ז)
visa	'viza, aʃra	וִיזָה, אַשׁרָה (נ)
ticket	kartis	כַּרטִיס (ז)
air ticket	kartis tisa	כַּרטִיס טִיסָה (ז)
guidebook	madriχ	מַדרִיך (ז)
map (tourist ~)	mapa	מַפָּה (נ)
area (rural ~)	ezor	אֵזוֹר (ז)
place, site	makom	מָקוֹם (ז)
exotica (n)	ek'zotika	אֶקזוֹטִיקָה (נ)
exotic (adj)	ek'zoti	אֶקזוֹטִי
amazing (adj)	nifla	נִפלָא
group	kvutsa	קבוּצָה (נ)
excursion, sightseeing tour	tiyul	טִיוּל (ז)
guide (person)	madriχ tiyulim	מַדרִיך טִיוּלִים (ז)

100. Hotel

hotel	malon	מָלוֹן (ז)
motel	motel	מוֹטֶל (ז)
three-star (~ hotel)	ʃloʃa koχavim	שלוֹשָה כּוֹכָבִים

five-star	χamiʃa koχavim	חֲמִישָׁה כּוֹכָבִים
to stay (in a hotel, etc.)	lehit'aχsen	לְהִתאַכסֵן
room	'χeder	חֶדֶר (ז)
single room	'χeder yaχid	חֶדֶר יָחִיד (ז)
double room	'χeder zugi	חֶדֶר זוּגִי (ז)
to book a room	lehazmin 'χeder	לְהַזמִין חֶדֶר
half board	χatsi pensiyon	חֲצִי פֶּנסִיוֹן (ז)
full board	pensyon male	פֶּנסִיוֹן מָלֵא (ז)
with bath	im am'batya	עִם אַמבַּטיָה
with shower	im mik'laχat	עִם מִקלַחַת
satellite television	tele'vizya bekvalim	טֶלֶוִויזִיָה בְּכבָלִים (נ)
air-conditioner	mazgan	מַזגָן (ז)
towel	ma'gevet	מַגֶבֶת (נ)
key	maf'teaχ	מַפתֵחַ (ז)
administrator	amarkal	אֲמַרכָּל (ז)
chambermaid	χadranit	חַדרָנִית (נ)
porter	sabal	סַבָּל (ז)
doorman	pakid kabala	פקִיד קַבָּלָה (ז)
restaurant	misʿada	מִסעָדָה (נ)
pub, bar	bar	בָּר (ז)
breakfast	aruχat 'boker	אֲרוּחַת בּוֹקֶר (נ)
dinner	aruχat 'erev	אֲרוּחַת עֶרֶב (נ)
buffet	miznon	מִזנוֹן (ז)
lobby	'lobi	לוֹבִּי (ז)
lift	maʿalit	מַעֲלִית (נ)
DO NOT DISTURB	lo lehaf'riʿa	לֹא לְהַפרִיעַ
NO SMOKING	asur leʿaʃen!	אָסוּר לְעַשֵׁן!

TECHNICAL EQUIPMENT. TRANSPORT

Technical equipment

101. Computer

computer	maχʃev	מַחשֵב (ז)
notebook, laptop	maχʃev nayad	מַחשֵב נַייָד (ז)
to turn on	lehadlik	לְהַדלִיק
to turn off	leχabot	לְכַבּוֹת
keyboard	mik'ledet	מִקלֶדֶת (נ)
key	makaʃ	מַקָש (ז)
mouse	aχbar	עַכבָּר (ז)
mouse mat	ʃa'tiaχ le'aχbar	שָטִיחַ לְעַכבָּר (ז)
button	kaftor	כַּפתוֹר (ז)
cursor	saman	סַמָן (ז)
monitor	masaχ	מָסָך (ז)
screen	tsag	צַג (ז)
hard disk	disk ka'ʃiaχ	דִיסק קָשִיחַ (ז)
hard disk capacity	'nefaχ disk ka'ʃiaχ	נֶפַח דִיסק קָשִיחַ (ז)
memory	zikaron	זִיכָּרוֹן (ז)
random access memory	zikaron giʃa akra'it	זִיכָּרוֹן גִישָה אַקרָאִית (ז)
file	'kovets	קוֹבֶץ (ז)
folder	tikiya	תִיקִייָה (נ)
to open (vt)	lif'toaχ	לִפתוֹחַ
to close (vt)	lisgor	לִסגוֹר
to save (vt)	liʃmor	לִשמוֹר
to delete (vt)	limχok	לִמחוֹק
to copy (vt)	leha'atik	לְהַעֲתִיק
to sort (vt)	lemayen	לְמַייֵן
to transfer (copy)	leha'avir	לְהַעֲבִיר
programme	toχna	תוֹכנָה (נ)
software	toχna	תוֹכנָה (נ)
programmer	metaχnet	מְתַכנֵת (ז)
to program (vt)	letaχnet	לְתַכנֵת
hacker	'haker	הָאקֶר (ז)
password	sisma	סִיסמָה (נ)
virus	'virus	וִירוּס (ז)
to find, to detect	limtso, le'ater	לִמצוֹא, לְאַתֵר
byte	bait	בַּייט (ז)

megabyte	megabait	מֶגָבַּייט (ז)
data	netunim	נְתוּנִים (ז"ר)
database	bsis netunim	בְּסִיס נְתוּנִים (ז)
cable (USB, etc.)	'kevel	כֶּבֶל (ז)
to disconnect (vt)	lenatek	לְנַתֵק
to connect (sth to sth)	leχaber	לְחַבֵּר

102. Internet. E-mail

Internet	'internet	אִינטֶרנֶט (ז)
browser	dafdefan	דַפדְפָן (ז)
search engine	ma'noʿa χipus	מָנוֹעַ חִיפּוּשׂ (ז)
provider	sapak	סַפָּק (ז)
webmaster	menahel haʾatar	מְנַהֵל הָאֲתָר (ז)
website	atar	אֲתָר (ז)
web page	daf 'internet	דַף אִינטֶרנֶט (ז)
address (e-mail ~)	'ktovet	כּתוֹבֶת (נ)
address book	'sefer ktovot	סֵפֶר כתוֹבוֹת (ז)
postbox	teivat 'doʾar	תֵיבַת דוֹאַר (נ)
post	'doʾar, 'doʾal	דוֹאַר (ז), דוֹא"ל (ז)
full (adj)	gaduʃ	גָדוּשׁ
message	hodaʿa	הוֹדָעָה (נ)
incoming messages	hodaʿot niχnasot	הוֹדָעוֹת נִכנָסוֹת (נ"ר)
outgoing messages	hodaʿot yotsʾot	הוֹדָעוֹת יוֹצאוֹת (נ"ר)
sender	ʃo'leaχ	שׁוֹלֵחַ (ז)
to send (vt)	liʃ'loaχ	לִשלוֹחַ
sending (of mail)	ʃliχa	שלִיחָה (ז)
receiver	nimʿan	נִמעָן (ז)
to receive (vt)	lekabel	לְקַבֵּל
correspondence	hitkatvut	הִתכַּתבוּת (נ)
to correspond (vi)	lehitkatev	לְהִתכַּתֵב
file	'koveʦ	קוֹבֶץ (ז)
to download (vt)	lehorid	לְהוֹרִיד
to create (vt)	liʦor	לִיצוֹר
to delete (vt)	limχok	לִמחוֹק
deleted (adj)	maχuk	מָחוּק
connection (ADSL, etc.)	χibur	חִיבּוּר (ז)
speed	mehirut	מְהִירוּת (נ)
modem	'modem	מוֹדֶם (ז)
access	giʃa	גִישָׁה (נ)
port (e.g. input ~)	port	פּוֹרט (ז)
connection (make a ~)	χibur	חִיבּוּר (ז)
to connect to ... (vi)	lehitχaber	לְהִתחַבֵּר
to select (vt)	livχor	לִבחוֹר
to search (for ...)	leχapes	לְחַפֵּשׂ

103. Electricity

electricity	χaʃmal	חַשמַל (ז)
electric, electrical (adj)	χaʃmali	חַשמַלִי
electric power station	taχanat 'koaχ	תַחֲנַת כּוֹחַ (נ)
energy	e'nergya	אֶנֶרגִיָה (נ)
electric power	e'nergya χaʃmalit	אֶנֶרגִיָה חַשמַלִית (נ)
light bulb	nura	נוּרָה (נ)
torch	panas	פָּנָס (ז)
street light	panas reχov	פָּנָס רְחוֹב (ז)
light	or	אוֹר (ז)
to turn on	lehadlik	לְהַדלִיק
to turn off	leχabot	לְכַבּוֹת
to turn off the light	leχabot	לְכַבּוֹת
to burn out (vi)	lehisaref	לְהִישָׂרֵף
short circuit	'ketser	קֶצֶר (ז)
broken wire	χut ka'ruʿa	חוּט קָרוּעַ (ז)
contact (electrical ~)	maga	מַגָע (ז)
light switch	'meteg	מֶתֶג (ז)
socket outlet	'ʃeka	שֶקַע (ז)
plug	'teka	תֶקַע (ז)
extension lead	'kabel ma'ariχ	כֶּבֶל מַאֲרִיך (ז)
fuse	natiχ	נָתִיך (ז)
cable, wire	χut	חוּט (ז)
wiring	χivut	חִיווּט (ז)
ampere	amper	אַמפֶּר (ז)
amperage	'zerem χaʃmali	זֶרֶם חַשמַלִי (ז)
volt	volt	ווֹלט (ז)
voltage	'metaχ	מֶתַח (ז)
electrical device	maχʃir χaʃmali	מַכשִיר חַשמַלִי (ז)
indicator	maχvan	מַחווָן (ז)
electrician	χaʃmalai	חַשמַלַאי (ז)
to solder (vt)	lehalχim	לְהַלחִים
soldering iron	malχem	מַלחֵם (ז)
electric current	'zerem	זֶרֶם (ז)

104. Tools

tool, instrument	kli	כּלִי (ז)
tools	klei avoda	כּלֵי עֲבוֹדָה (ז"ר)
equipment (factory ~)	tsiyud	צִיוּד (ז)
hammer	patiʃ	פַּטִיש (ז)
screwdriver	mavreg	מַברֵג (ז)
axe	garzen	גַרזֶן (ז)

saw	masor	מָסוֹר (ז)
to saw (vt)	lenaser	לְנַסֵר
plane (tool)	maktsoʿa	מַקצוּעָה (נ)
to plane (vt)	lehak'tsiʿa	לְהַקצִיעַ
soldering iron	malχem	מַלחֵם (ז)
to solder (vt)	lehalχim	לְהַלחִים
file (tool)	ptsira	פְּצִירָה (נ)
carpenter pincers	tsvatot	צְבָתוֹת (נ"ר)
combination pliers	mel'kaχat	מֶלקַחַת (נ)
chisel	izmel	אִזמֵל (ז)
drill bit	mak'deaχ	מַקדֵחַ (ז)
electric drill	makdeχa	מַקדֵחָה (נ)
to drill (vi, vt)	lik'doaχ	לִקדוֹחַ
knife	sakin	סַכִּין (ז, נ)
pocket knife	olar	אוֹלָר (ז)
blade	'lahav	לַהַב (ז)
sharp (blade, etc.)	χad	חַד
dull, blunt (adj)	kehe	קֵהֶה
to get blunt (dull)	lehitkahot	לְהִתקַהוֹת
to sharpen (vt)	lehaʃχiz	לְהַשחִיז
bolt	'boreg	בּוֹרֶג (ז)
nut	om	אוֹם (ז)
thread (of a screw)	tavrig	תַבְרִיג (ז)
wood screw	'boreg	בּוֹרֶג (ז)
nail	masmer	מַסמֵר (ז)
nailhead	roʃ hamasmer	רֹאשׁ הַמַסמֵר (ז)
ruler (for measuring)	sargel	סַרגֵל (ז)
tape measure	'seret meida	סֶרֶט מְידָה (ז)
spirit level	'peles	פֶּלֶס (ז)
magnifying glass	zχuχit mag'delet	זכוּכִית מַגדֶלֶת (נ)
measuring instrument	maχʃir medida	מַכשִיר מְדִידָה (ז)
to measure (vt)	limdod	למדוֹד
scale (temperature ~, etc.)	'skala	סקָאלָה (נ)
readings	medida	מְדִידָה (נ)
compressor	madχes	מַדחֵס (ז)
microscope	mikroskop	מִיקרוֹסקוֹפּ (ז)
pump (e.g. water ~)	maʃ'eva	מַשאֵבָה (נ)
robot	robot	רוֹבּוֹט (ז)
laser	'leizer	לֵייזֶר (ז)
spanner	maf'teaχ bragim	מַפתֵחַ בּרָגִים (ז)
adhesive tape	neyar 'devek	נְייַר דֶבֶק (ז)
glue	'devek	דֶבֶק (ז)
sandpaper	neyar zχuχit	נְייַר זכוּכִית (ז)
spring	kfits	קְפִיץ (ז)

magnet	magnet	מַגנֵט (ז)
gloves	kfafot	כּפָפוֹת (נ"ר)
rope	'χevel	חֶבֶל (ז)
cord	sroχ	שׂרוֹך (ז)
wire (e.g. telephone ~)	χut	חוּט (ז)
cable	'kevel	כֶּבֶל (ז)
sledgehammer	kurnas	קוּרנָס (ז)
prybar	lom	לוֹם (ז)
ladder	sulam	סוּלָם (ז)
stepladder	sulam	סוּלָם (ז)
to screw (tighten)	lehavrig	לְהַברִיג
to unscrew (lid, filter, etc.)	lif'toaχ, lehavrig	לִפתוֹחַ, לְהַברִיג
to tighten (e.g. with a clamp)	lehadek	לְהַדֵק
to glue, to stick	lehadbik	לְהַדבִּיק
to cut (vt)	laχtoχ	לַחתוֹך
malfunction (fault)	takala	תַקָלָה (נ)
repair (mending)	tikun	תִיקוּן (ז)
to repair, to fix (vt)	letaken	לְתַקֵן
to adjust (machine, etc.)	leχavnen	לְכַוונֵן
to check (to examine)	livdok	לִבדוֹק
checking	bdika	בּדִיקָה (נ)
readings	kri'a	קרִיאָה (נ)
reliable, solid (machine)	amin	אָמִין
complex (adj)	murkav	מוּרכָּב
to rust (get rusted)	lehaχlid	לְהַחלִיד
rusty (adj)	χalud	חָלוּד
rust	χaluda	חֲלוּדָה (נ)

Transport

105. Aeroplane

aeroplane	matos	מָטוֹס (ז)
air ticket	kartis tisa	כַּרטִיס טִיסָה (ז)
airline	χevrat te'ufa	חֶברַת תְעוּפָה (נ)
airport	nemal te'ufa	נְמַל תְעוּפָה (ז)
supersonic (adj)	al koli	עַל קוֹלִי
captain	kabarnit	קַבַּרנִיט (ז)
crew	'tsevet	צֶוֶות (ז)
pilot	tayas	טַיָיס (ז)
stewardess	da'yelet	דַיֶילֶת (נ)
navigator	navat	נַוָוט (ז)
wings	kna'fayim	כּנָפַיִים (נ"ר)
tail	zanav	זָנָב (ז)
cockpit	'kokpit	קוֹקפִּיט (ז)
engine	ma'no'a	מָנוֹעַ (ז)
undercarriage (landing gear)	kan nesi'a	כַּן נְסִיעָה (ז)
turbine	tur'bina	טוּרבִּינָה (נ)
propeller	madχef	מַדחֵף (ז)
black box	kufsa ʃχora	קוּפסָה שחוֹרָה (נ)
yoke (control column)	'hege	הֶגֶה (ז)
fuel	'delek	דֶלֶק (ז)
safety card	hora'ot betiχut	הוֹרָאוֹת בְּטִיחוּת (נ"ר)
oxygen mask	maseχat χamtsan	מַסֵיכַת חַמצָן (נ)
uniform	madim	מַדִים (ז"ר)
lifejacket	χagorat hatsala	חֲגוֹרַת הַצָלָה (נ)
parachute	mitsnaχ	מִצנָח (ז)
takeoff	hamra'a	הַמרָאָה (נ)
to take off (vi)	lehamri	לְהַמרִיא
runway	maslul hamra'a	מַסלוּל הַמרָאָה (ז)
visibility	re'ut	רְאוּת (נ)
flight (act of flying)	tisa	טִיסָה (נ)
altitude	'gova	גוֹבַה (ז)
air pocket	kis avir	כִּיס אֲוִויר (ז)
seat	moʃav	מוֹשָב (ז)
headphones	ozniyot	אוֹזנִיוֹת (נ"ר)
folding tray (tray table)	magaʃ mitkapel	מַגָש מִתקַפֵּל (ז)
airplane window	tsohar	צוֹהַר (ז)
aisle	ma'avar	מַעֲבָר (ז)

106. Train

train	ra'kevet	רַכֶּבֶת (נ)
commuter train	ra'kevet parvarim	רַכֶּבֶת פַּרבָרִים (נ)
express train	ra'kevet mehira	רַכֶּבֶת מְהִירָה (נ)
diesel locomotive	katar 'dizel	קַטָר דִיזֶל (ז)
steam locomotive	katar	קַטָר (ז)
coach, carriage	karon	קָרוֹן (ז)
buffet car	kron mis'ada	קרוֹן מִסעָדָה (ז)
rails	mesilot	מְסִילוֹת (נ"ר)
railway	mesilat barzel	מְסִילַת בַּרזֶל (נ)
sleeper (track support)	'eden	אֶדֶן (ז)
platform (railway ~)	ratsif	רָצִיף (ז)
platform (~ 1, 2, etc.)	mesila	מְסִילָה (נ)
semaphore	ramzor	רַמזוֹר (ז)
station	taχana	תַחֲנָה (נ)
train driver	nahag ra'kevet	נַהַג רַכֶּבֶת (ז)
porter (of luggage)	sabal	סַבָּל (ז)
carriage attendant	sadran ra'kevet	סַדרָן רַכֶּבֶת (ז)
passenger	no'se'a	נוֹסֵעַ (ז)
ticket inspector	bodek	בּוֹדֵק (ז)
corridor (in train)	prozdor	פרוֹזדוֹר (ז)
emergency brake	ma'atsar χirum	מַעֲצַר חֵירוּם (ז)
compartment	ta	תָא (ז)
berth	dargaʃ	דַרגָש (ז)
upper berth	dargaʃ elyon	דַרגָש עֶליוֹן (ז)
lower berth	dargaʃ taχton	דַרגָש תַחתוֹן (ז)
bed linen, bedding	matsa'im	מַצָעִים (ז"ר)
ticket	kartis	כַּרטִיס (ז)
timetable	'luaχ zmanim	לוּחַ זמַנִים (ז)
information display	'ʃelet meida	שֶׁלֶט מֵידָע (ז)
to leave, to depart	latset	לָצֵאת
departure (of a train)	yetsi'a	יְצִיאָה (נ)
to arrive (ab. train)	leha'gi'a	לְהַגִיעַ
arrival	haga'a	הַגָעָה (נ)
to arrive by train	leha'gi'a bera'kevet	לְהַגִיעַ בְּרַכֶּבֶת
to get on the train	la'alot lera'kevet	לַעֲלוֹת לְרַכֶּבֶת
to get off the train	la'redet mehara'kevet	לָרֶדֶת מֵהָרַכֶּבֶת
train crash	hitraskut	הִתרַסקוּת (נ)
to derail (vi)	la'redet mipasei ra'kevet	לָרֶדֶת מִפַּסֵי רַכֶּבֶת
steam locomotive	katar	קַטָר (ז)
stoker, fireman	masik	מַסִיק (ז)
firebox	kivʃan	כִּבשָן (ז)
coal	peχam	פֶּחָם (ז)

107. Ship

ship	sfina	סְפִינָה (נ)
vessel	sfina	סְפִינָה (נ)
steamship	oniyat kitor	אוֹנִיַּית קִיטוֹר (נ)
riverboat	sfinat nahar	סְפִינַת נָהָר (נ)
cruise ship	oniyat taʿanugot	אוֹנִיַּית תַּעֲנוּגוֹת (נ)
cruiser	sa'yeret	סַיֶּירֶת (נ)
yacht	'yaχta	יַכְטָה (נ)
tugboat	go'reret	גוֹרֶרֶת (נ)
barge	arba	אַרְבָּה (נ)
ferry	maʿa'boret	מַעֲבּוֹרֶת (נ)
sailing ship	sfinat mifras	סְפִינַת מִפְרָשׂ (נ)
brigantine	briganit	בְּרִיגָנִית (נ)
ice breaker	ʃo'veret 'keraχ	שׁוֹבֶרֶת קֶרַח (נ)
submarine	ʦo'lelet	צוֹלֶלֶת (נ)
boat (flat-bottomed ~)	sira	סִירָה (נ)
dinghy (lifeboat)	sira	סִירָה (נ)
lifeboat	sirat haʦala	סִירַת הַצָּלָה (נ)
motorboat	sirat ma'noʿa	סִירַת מָנוֹעַ (נ)
captain	rav χovel	רַב־חוֹבֵל (ז)
seaman	malaχ	מַלָּח (ז)
sailor	yamai	יַמַּאי (ז)
crew	'ʦevet	צֶוֶות (ז)
boatswain	rav malaχim	רַב־מַלָּחִים (ז)
ship's boy	'naʿar sipun	נַעַר סִיפּוּן (ז)
cook	tabaχ	טַבָּח (ז)
ship's doctor	rofe haʾoniya	רוֹפֵא הָאוֹנִיָּיה (ז)
deck	sipun	סִיפּוּן (ז)
mast	'toren	תּוֹרֶן (ז)
sail	mifras	מִפְרָשׂ (ז)
hold	'beten oniya	בֶּטֶן אוֹנִיָּיה (נ)
bow (prow)	χartom	חַרטוֹם (ז)
stern	yarketei hasfina	יַרְכְּתֵי הַסְפִינָה (ז"ר)
oar	maʃot	מָשׁוֹט (ז)
screw propeller	madχef	מַדחֵף (ז)
cabin	ta	תָּא (ז)
wardroom	moʿadon ktsinim	מוֹעֲדוֹן קְצִינִים (ז)
engine room	χadar meχonot	חֲדַר מְכוֹנוֹת (ז)
bridge	'geʃer hapikud	גֶשֶׁר הַפִּיקוּד (ז)
radio room	ta alχutan	תָּא אַלחוּטָן (ז)
wave (radio)	'teder	תֶּדֶר (ז)
logbook	yoman haʾoniya	יוֹמַן הָאוֹנִיה (ז)
spyglass	miʃ'kefet	מִשקֶפֶת (נ)
bell	paʿamon	פַּעֲמוֹן (ז)

flag	'degel	דֶגֶל (ז)
hawser (mooring ~)	avot ha'oniya	עֲבוֹת הָאוֹנִייָה (נ)
knot (bowline, etc.)	'keʃer	קֶשֶר (ז)
deckrails	ma'ake hasipun	מַעֲקֶה הַסִיפּוּן (ז)
gangway	'keveʃ	כֶּבֶש (ז)
anchor	'ogen	עוֹגֶן (ז)
to weigh anchor	leharim 'ogen	לְהָרִים עוֹגֶן
to drop anchor	la'agon	לַעֲגוֹן
anchor chain	ʃar'ʃeret ha'ogen	שַרשֶרֶת הָעוֹגֶן (נ)
port (harbour)	namal	נָמָל (ז)
quay, wharf	'mezaχ	מֶזַח (ז)
to berth (moor)	la'agon	לַעֲגוֹן
to cast off	lehaflig	לְהַפלִיג
trip, voyage	masa, tiyul	מַסָע (ז), טִיוּל (ז)
cruise (sea trip)	'ʃayit	שַיִט (ז)
course (route)	kivun	כִּיווּן (ז)
route (itinerary)	nativ	נָתִיב (ז)
fairway (safe water channel)	nativ 'ʃayit	נָתִיב שַיִט (ז)
shallows	sirton	שִׂרטוֹן (ז)
to run aground	la'alot al hasirton	לַעֲלוֹת עַל הַשִׂרטוֹן
storm	sufa	סוּפָה (נ)
signal	ot	אוֹת (ז)
to sink (vi)	lit'bo'a	לִטבּוֹעַ
Man overboard!	adam ba'mayim!	אָדָם בַּמַיִם!
SOS (distress signal)	kri'at hatsala	קרִיאַת הַצָלָה
ring buoy	galgal hatsala	גַלגַל הַצָלָה (ז)

108. Airport

airport	nemal te'ufa	נְמַל תְעוּפָה (ז)
aeroplane	matos	מָטוֹס (ז)
airline	χevrat te'ufa	חֶברַת תְעוּפָה (נ)
air traffic controller	bakar tisa	בַּקָר טִיסָה (ז)
departure	hamra'a	הַמרָאָה (נ)
arrival	neχita	נְחִיתָה (נ)
to arrive (by plane)	leha'gi'a betisa	לְהַגִיעַ בְּטִיסָה
departure time	zman hamra'a	זמַן הַמרָאָה (ז)
arrival time	zman neχita	זמַן נְחִיתָה (ז)
to be delayed	lehit'akev	לְהִתעַכֵּב
flight delay	ikuv hatisa	עִיכּוּב הַטִיסָה (ז)
information board	'luaχ meida	לוּחַ מֵידָע (ז)
information	meida	מֵידָע (ז)
to announce (vt)	leho'dia	לְהוֹדִיעַ
flight (e.g. next ~)	tisa	טִיסָה (נ)

customs	'meχes	מֶכֶס (ז)
customs officer	pakid 'meχes	פָּקִיד מֶכֶס (ז)
customs declaration	hatsharat meχes	הַצהָרַת מֶכֶס (נ)
to fill in (vt)	lemale	לְמַלֵא
to fill in the declaration	lemale 'tofes hatshara	לְמַלֵא טוֹפֶס הַצהָרָה
passport control	bdikat darkonim	בּדִיקַת דַרכּוֹנִים (נ)
luggage	kvuda	כּבוּדָה (נ)
hand luggage	kvudat yad	כּבוּדַת יָד (נ)
luggage trolley	eglat kvuda	עֶגלַת כּבוּדָה (נ)
landing	neχita	נְחִיתָה (נ)
landing strip	maslul neχita	מַסלוּל נְחִיתָה (ז)
to land (vi)	linχot	לִנחוֹת
airstair (passenger stair)	'keveʃ	כֶּבֶש (ז)
check-in	tʃek in	צֶ'ק אִין (ז)
check-in counter	dalpak tʃek in	דַלפָּק צֶ'ק אִין (ז)
to check-in (vi)	leva'tseʿa tʃek in	לְבַצֵעַ צֶ'ק אִין
boarding card	kartis aliya lematos	כַּרטִיס עֲלִיָה לְמָטוֹס (ז)
departure gate	'ʃaʿar yetsiʾa	שַעַר יְצִיאָה (ז)
transit	maʿavar	מַעֲבָר (ז)
to wait (vt)	lehamtin	לְהַמתִין
departure lounge	traklin tisa	טרַקלִין טִיסָה (ז)
to see off	lelavot	לְלַווֹת
to say goodbye	lomar lehitraʾot	לוֹמַר לְהִתרָאוֹת

Life events

109. Holidays. Event

celebration, holiday	χagiga	חֲגִיגָה (נ)
national day	χag le'umi	חַג לְאוּמִי (ז)
public holiday	yom χag	יוֹם חַג (ז)
to commemorate (vt)	laχgog	לָחוֹג
event (happening)	hitraχaʃut	הִתרַחֲשוּת (נ)
event (organized activity)	ei'ru'a	אֵירוּעַ (ז)
banquet (party)	se'uda χagigit	סְעוּדָה חֲגִיגִית (נ)
reception (formal party)	ei'ruaχ	אֵירוּחַ (ז)
feast	miʃte	מִשתֶה (ז)
anniversary	yom haʃana	יוֹם הַשָנָה (ז)
jubilee	χag hayovel	חַג הַיוֹבֵל (ז)
to celebrate (vt)	laχgog	לָחוֹג
New Year	ʃana χadaʃa	שָנָה חֲדָשָה (נ)
Happy New Year!	ʃana tova!	שָנָה טוֹבָה!
Father Christmas	'santa 'kla'us	סָנטָה קלָאוּס
Christmas	χag hamolad	חַג הַמוֹלָד (ז)
Merry Christmas!	χag hamolad sa'meaχ!	חַג הַמוֹלָד שָׂמֵחַ!
Christmas tree	ets χag hamolad	עֵץ חַג הַמוֹלָד (ז)
fireworks (fireworks show)	zikukim	זִיקוּקִים (ז"ר)
wedding	χatuna	חֲתוּנָה (נ)
groom	χatan	חָתָן (ז)
bride	kala	כַּלָה (נ)
to invite (vt)	lehazmin	לְהַזמִין
invitation card	hazmana	הַזמָנָה (נ)
guest	o'reaχ	אוֹרֵחַ (ז)
to visit (~ your parents, etc.)	levaker	לְבַקֵר
to meet the guests	lekabel orχim	לְקַבֵּל אוֹרחִים
gift, present	matana	מַתָנָה (נ)
to give (sth as present)	latet matana	לָתֵת מַתָנָה
to receive gifts	lekabel matanot	לְקַבֵּל מַתָנוֹת
bouquet (of flowers)	zer	זֵר (ז)
congratulations	braχa	בְּרָכָה (נ)
to congratulate (vt)	levareχ	לְבָרֵך
greetings card	kartis braχa	כַּרטִיס בְּרָכָה (ז)
to send a postcard	liʃloaχ gluya	לִשלוֹחַ גלוּיָה
to get a postcard	lekabel gluya	לְקַבֵּל גלוּיָה

toast	leharim kosit	לְהָרִים כּוֹסִית
to offer (a drink, etc.)	leχabed	לְכַבֵּד
champagne	ʃam'panya	שַמפַּנְיָה (נ)
to enjoy oneself	lehanot	לֵיהָנוֹת
merriment (gaiety)	aliʦut	עֲלִיצוּת (נ)
joy (emotion)	simχa	שִׂמחָה (נ)
dance	rikud	רִיקוּד (ז)
to dance (vi, vt)	lirkod	לִרקוֹד
waltz	vals	וַלס (ז)
tango	'tango	טַנגוֹ (ז)

110. Funerals. Burial

cemetery	beit kvarot	בֵּית קְבָרוֹת (ז)
grave, tomb	'kever	קֶבֶר (ז)
cross	ʦlav	צלָב (ז)
gravestone	maʦeva	מַצֵבָה (נ)
fence	gader	גָדֵר (נ)
chapel	beit tfila	בֵּית תפִילָה (ז)
death	'mavet	מָוֶות (ז)
to die (vi)	lamut	לָמוּת
the deceased	niftar	נִפטָר (ז)
mourning	'evel	אֵבֶל (ז)
to bury (vt)	likbor	לִקבּוֹר
undertakers	beit levayot	בֵּית לְוָויוֹת (ז)
funeral	levaya	לְוָויָה (נ)
wreath	zer	זֵר (ז)
coffin	aron metim	אָרוֹן מֵתִים (ז)
hearse	kron hamet	קרוֹן הַמֵת (ז)
shroud	taχriχim	תַכרִיכִים (ז"ר)
funeral procession	tahaluχat 'evel	תַהֲלוּכַת אֵבֶל (נ)
funerary urn	kad 'efer	כַּד אֵפֶר (ז)
crematorium	misrafa	מִשׂרָפָה (נ)
obituary	moda'at 'evel	מוֹדָעַת אֵבֶל (נ)
to cry (weep)	livkot	לִבכּוֹת
to sob (vi)	lehitya'peaχ	לְהִתיַיפֵּחַ

111. War. Soldiers

platoon	maχlaka	מַחלָקָה (נ)
company	pluga	פלוּגָה (נ)
regiment	χativa	חֲטִיבָה (נ)
army	ʦava	צָבָא (ז)
division	ugda	אוּגדָה (נ)

section, squad	kita	כִּיתָה (נ)
host (army)	'χayil	חַיִל (ז)
soldier	χayal	חַייָל (ז)
officer	katsin	קָצִין (ז)
private	turai	טוּרַאי (ז)
sergeant	samal	סַמָל (ז)
lieutenant	'segen	סֶגֶן (ז)
captain	'seren	סֶרֶן (ז)
major	rav 'seren	רַב־סֶרֶן (ז)
colonel	aluf miʃne	אַלוּף מִשנֶה (ז)
general	aluf	אַלוּף (ז)
sailor	yamai	יַמַאי (ז)
captain	rav χovel	רַב־חוֹבֵל (ז)
boatswain	rav malaχim	רַב־מַלָחִים (ז)
artilleryman	totχan	תוֹתחָן (ז)
paratrooper	tsanχan	צַנחָן (ז)
pilot	tayas	טַייָס (ז)
navigator	navat	נַוָוט (ז)
mechanic	meχonai	מְכוֹנַאי (ז)
pioneer (sapper)	χablan	חַבּלָן (ז)
parachutist	tsanχan	צַנחָן (ז)
reconnaissance scout	iʃ modi'in kravi	אִיש מוֹדִיעִין קְרָבִי (ז)
sniper	tsalaf	צַלָף (ז)
patrol (group)	siyur	סִיוּר (ז)
to patrol (vt)	lefatrel	לְפַטרֵל
sentry, guard	zakif	זָקִיף (ז)
warrior	loχem	לוֹחֵם (ז)
patriot	patriyot	פַּטרִיוֹט (ז)
hero	gibor	גִיבּוֹר (ז)
heroine	gibora	גִיבּוֹרָה (נ)
traitor	boged	בּוֹגֵד (ז)
to betray (vt)	livgod	לִבגוֹד
deserter	arik	עָרִיק (ז)
to desert (vi)	la'arok	לַעֲרוֹק
mercenary	sχir 'χerev	שׂכִיר חֶרֶב (ז)
recruit	tiron	טִירוֹן (ז)
volunteer	mitnadev	מִתנַדֵב (ז)
dead (n)	harug	הָרוּג (ז)
wounded (n)	pa'tsu'a	פָּצוּעַ (ז)
prisoner of war	ʃavui	שָבוּי (ז)

112. War. Military actions. Part 1

war	milχama	מִלחָמָה (נ)
to be at war	lehilaχem	לְהִילָחֵם

civil war	mil'χemet ezraχim	מִלחֶמֶת אֶזרָחִים (נ)
treacherously (adv)	bogdani	בּוֹגדָנִי
declaration of war	haχrazat milχama	הַכרָזַת מִלחָמָה (נ)
to declare (~ war)	lehaχriz	לְהַכרִיז
aggression	tokfanut	תוֹקפָנוּת (נ)
to attack (invade)	litkof	לִתקוֹף
to invade (vt)	liχboʃ	לִכבּוֹש
invader	koveʃ	כּוֹבֵש (ז)
conqueror	koveʃ	כּוֹבֵש (ז)
defence	hagana	הֲגָנָה (נ)
to defend (a country, etc.)	lehagen al	לְהָגֵן עַל
to defend (against ...)	lehitgonen	לְהִתגוֹנֵן
enemy	oyev	אוֹיֵב (ז)
foe, adversary	yariv	יָרִיב (ז)
enemy (as adj)	ʃel oyev	שֶל אוֹיֵב
strategy	astra'tegya	אַסטרָטֶגיָה (נ)
tactics	'taktika	טַקטִיקָה (נ)
order	pkuda	פקוּדָה (נ)
command (order)	pkuda	פקוּדָה (נ)
to order (vt)	lifkod	לִפקוֹד
mission	mesima	מְשִׂימָה (נ)
secret (adj)	sodi	סוֹדִי
battle	maʿaraχa	מַעֲרָכָה (נ)
combat	krav	קְרָב (ז)
attack	hatkafa	הַתקָפָה (נ)
charge (assault)	histaʿarut	הִסתָעֲרוּת (נ)
to storm (vt)	lehistaʿer	לְהִסתַעֵר
siege (to be under ~)	maʦor	מָצוֹר (ז)
offensive (n)	mitkafa	מִתקָפָה (נ)
to go on the offensive	laʦet lemitkafa	לָצֵאת לְמִתקָפָה
retreat	nesiga	נְסִיגָה (נ)
to retreat (vi)	la'seget	לָסֶגֶת
encirclement	kitur	כִּיתוּר (ז)
to encircle (vt)	leχater	לְכַתֵר
bombing (by aircraft)	hafʦaʦa	הַפצָצָה (נ)
to drop a bomb	lehatil pʦaʦa	לְהָטִיל פצָצָה
to bomb (vt)	lehafʦiʦ	לְהַפצִיץ
explosion	piʦuʦ	פִּיצוּץ (ז)
shot	yeriya	יְרִייָה (נ)
to fire (~ a shot)	lirot	לִירוֹת
firing (burst of ~)	'yeri	יְרִי (ז)
to aim (to point a weapon)	leχaven 'neʃek	לְכַוֵון נֶשֶק
to point (a gun)	leχaven	לְכַוֵון

to hit (the target)	lik'loʿa	לקלוֹעַ
to sink (~ a ship)	lehat'biʿa	לְהַטבִּיעַ
hole (in a ship)	pirtsa	פִּרצָה (נ)
to founder, to sink (vi)	lit'boʿa	לִטבּוֹעַ
front (war ~)	χazit	חֲזִית (נ)
evacuation	pinui	פִּינוּי (ז)
to evacuate (vt)	lefanot	לְפַנוֹת
trench	teʿala	תְּעָלָה (נ)
barbed wire	'tayil dokrani	תַּיִל דוֹקרָנִי (ז)
barrier (anti tank ~)	maχsom	מַחסוֹם (ז)
watchtower	migdal ʃmira	מִגדַל שמִירָה (ז)
military hospital	beit χolim tsvaʾi	בֵּית חוֹלִים צבָאִי (ז)
to wound (vt)	lif'tsoʿa	לִפצוֹעַ
wound	'petsa	פֶּצַע (ז)
wounded (n)	pa'tsuʿa	פָּצוּעַ (ז)
to be wounded	lehipatsa	לְהִיפָּצַע
serious (wound)	kaʃe	קָשֶׁה

113. War. Military actions. Part 2

captivity	'ʃevi	שֶׁבִי (ז)
to take captive	la'kaχat be'ʃevi	לָקַחַת בְּשֶׁבִי
to be held captive	lihyot be'ʃevi	לִהיוֹת בְּשֶׁבִי
to be taken captive	lipol be'ʃevi	לִיפּוֹל בַּשֶּׁבִי
concentration camp	maχane rikuz	מַחֲנֶה רִיכּוּז (ז)
prisoner of war	ʃavui	שָׁבוּי (ז)
to escape (vi)	liv'roaχ	לִברוֹחַ
to betray (vt)	livgod	לִבגוֹד
betrayer	boged	בּוֹגֵד (ז)
betrayal	bgida	בּגִידָה (נ)
to execute (by firing squad)	lehotsi la'horeg	לְהוֹצִיא לַהוֹרֶג
execution (by firing squad)	hotsaʾa le'horeg	הוֹצָאָה לְהוֹרֶג (נ)
equipment (military gear)	tsiyud	צִיוּד (ז)
shoulder board	ko'tefet	כּוֹתֶפֶת (נ)
gas mask	maseχat 'abaχ	מַסֵיכַת אַבָּ"ך (נ)
field radio	maχʃir 'keʃer	מַכשִׁיר קֶשֶׁר (ז)
cipher, code	'tsofen	צוֹפֶן (ז)
secrecy	χaʃaʾiut	חֲשָׁאִיוּת (נ)
password	sisma	סִיסמָה (נ)
land mine	mokeʃ	מוֹקֵשׁ (ז)
to mine (road, etc.)	lemakeʃ	לְמַקֵשׁ
minefield	sde mokʃim	שׂדֵה מוֹקשִׁים (ז)
air-raid warning	azʿaka	אַזעָקָה (נ)
alarm (alert signal)	azʿaka	אַזעָקָה (נ)

signal	ot	אוֹת (ז)
signal flare	zikuk az'aka	זִיקוּק אַזעָקָה (ז)
headquarters	mifkada	מִפקָדָה (נ)
reconnaissance	isuf modi'in	אִיסוּף מוֹדִיעִין (ז)
situation	matsav	מַצָב (ז)
report	doχ	דוּחַ (ז)
ambush	ma'arav	מַאֲרָב (ז)
reinforcement (army)	tig'boret	תִגבּוֹרֶת (נ)
target	matara	מַטָרָה (נ)
training area	sde imunim	שׂדֵה אִימוּנִים (ז)
military exercise	timronim	תִמרוֹנִים (ז"ר)
panic	behala	בֶּהָלָה (נ)
devastation	'heres	הֶרֶס (ז)
destruction, ruins	harisot	הֲרִיסוֹת (נ"ר)
to destroy (vt)	laharos	לַהֲרוֹס
to survive (vi, vt)	lisrod	לִשׂרוֹד
to disarm (vt)	lifrok mi'neʃek	לִפרוֹק מְנֶשֶק
to handle (~ a gun)	lehiʃtameʃ be...	לְהִשתַמֵש בְּ...
Attention!	amod dom!	עֲמוֹד דוֹם!
At ease!	amod 'noaχ!	עֲמוֹד נוֹחַ!
feat, act of courage	ma'ase gvura	מַעֲשֶׂה גבוּרָה (ז)
oath (vow)	ʃvu'a	שבוּעָה (נ)
to swear (an oath)	lehiʃava	לְהִישָבַע
decoration (medal, etc.)	itur	עִיטוּר (ז)
to award (give a medal to)	leha'anik	לְהַעֲנִיק
medal	me'dalya	מֶדַלִיָה (נ)
order (e.g. ~ of Merit)	ot hitstainut	אוֹת הִצטַיינוּת (ז)
victory	nitsaχon	נִיצָחוֹן (ז)
defeat	tvusa	תבוּסָה (נ)
armistice	hafsakat eʃ	הַפסָקַת אֵש (נ)
standard (battle flag)	'degel	דֶגֶל (ז)
glory (honour, fame)	tehila	תְהִילָה (נ)
parade	mits'ad	מִצעָד (ז)
to march (on parade)	lits'od	לִצעוֹד

114. Weapons

weapons	'neʃek	נֶשֶק (ז)
firearms	'neʃek χam	נֶשֶק חַם (ז)
cold weapons (knives, etc.)	'neʃek kar	נֶשֶק קַר (ז)
chemical weapons	'neʃek 'χimi	נֶשֶק כִימִי (ז)
nuclear (adj)	gar'ini	גַרעִינִי
nuclear weapons	'neʃek gar'ini	נֶשֶק גַרעִינִי (ז)
bomb	ptsatsa	פּצָצָה (נ)

atomic bomb	ptsatsa a'tomit	פְּצָצָה אָטוֹמִית (נ)
pistol (gun)	ekdaχ	אֶקְדָּח (ז)
rifle	rove	רוֹבֶה (ז)
submachine gun	tat mak'le'a	תַּת־מַקְלֵעַ (ז)
machine gun	mak'le'a	מַקְלֵעַ (ז)
muzzle	kane	קָנֶה (ז)
barrel	kane	קָנֶה (ז)
calibre	ka'liber	קָלִיבֶּר (ז)
trigger	'hedek	הֶדֶק (ז)
sight (aiming device)	ka'venet	כַּוֶּונֶת (נ)
magazine	maχsanit	מַחסָנִית (נ)
butt (shoulder stock)	kat	קַת (נ)
hand grenade	rimon	רִימוֹן (ז)
explosive	'χomer 'nefets	חוֹמֶר נֶפֶץ (ז)
bullet	ka'li'a	קָלִיעַ (ז)
cartridge	kadur	כַּדּוּר (ז)
charge	te'ina	טְעִינָה (נ)
ammunition	taχ'moʃet	תַּחמוֹשֶׁת (נ)
bomber (aircraft)	maftsits	מַפצִיץ (ז)
fighter	metos krav	מְטוֹס קְרָב (ז)
helicopter	masok	מַסּוֹק (ז)
anti-aircraft gun	totaχ 'neged metosim	תּוֹתָח נֶגֶד מְטוֹסִים (ז)
tank	tank	טַנק (ז)
tank gun	totaχ	תּוֹתָח (ז)
artillery	arti'lerya	אַרטִילֶרְיָה (נ)
gun (cannon, howitzer)	totaχ	תּוֹתָח (ז)
to lay (a gun)	leχaven	לְכַוֵּון
shell (projectile)	pagaz	פָּגָז (ז)
mortar bomb	ptsatsat margema	פְּצָצַת מַרגֵמָה (נ)
mortar	margema	מַרגֵמָה (נ)
splinter (shell fragment)	resis	רְסִיס (ז)
submarine	tso'lelet	צוֹלֶלֶת (נ)
torpedo	tor'pedo	טוֹרפֶּדוֹ (ז)
missile	til	טִיל (ז)
to load (gun)	lit'on	לִטעוֹן
to shoot (vi)	lirot	לִירוֹת
to point at (the cannon)	leχaven	לְכַוֵּון
bayonet	kidon	כִּידוֹן (ז)
rapier	'χerev	חֶרֶב (נ)
sabre (e.g. cavalry ~)	'χerev paraʃim	חֶרֶב פָּרָשִׁים (ז)
spear (weapon)	χanit	חֲנִית (נ)
bow	'keʃet	קֶשֶׁת (נ)
arrow	χets	חֵץ (ז)
musket	musket	מוּסקֶט (ז)
crossbow	'keʃet metsu'levet	קֶשֶׁת מְצוּלֶבֶת (נ)

115. Ancient people

primitive (prehistoric)	kadmon	קַדמוֹן
prehistoric (adj)	prehis'tori	פּרֶהִיסטוֹרִי
ancient (~ civilization)	atik	עַתִיק
Stone Age	idan ha''even	עִידַן הָאֶבֶן (ז)
Bronze Age	idan haʼarad	עִידַן הָאָרָד (ז)
Ice Age	idan ha'keraχ	עִידַן הַקֶרַח (ז)
tribe	'ʃevet	שֵבֶט (ז)
cannibal	oχel adam	אוֹכֵל אָדָם (ז)
hunter	ʦayad	צַייָד (ז)
to hunt (vi, vt)	laʦud	לָצוּד
mammoth	ma'muta	מָמוּטָה (נ)
cave	meʿara	מְעָרָה (נ)
fire	eʃ	אֵש (נ)
campfire	medura	מְדוּרָה (נ)
cave painting	pet'roglif	פֶּטרוֹגלִיף (ז)
tool (e.g. stone axe)	kli	כּלִי (ז)
spear	χanit	חֲנִית (נ)
stone axe	garzen ha'even	גַרזֶן הָאֶבֶן (ז)
to be at war	lehilaχem	לְהִילָחֵם
to domesticate (vt)	levayet	לְבַייֵת
idol	'pesel	פֶּסֶל (ז)
to worship (vt)	laʿavod et	לַעֲבוֹד אֶת
superstition	emuna tfela	אֱמוּנָה תפֵלָה (נ)
rite	'tekes	טֶקֶס (ז)
evolution	evo'luʦya	אֶבוֹלוּציָה (נ)
development	hitpatχut	הִתפַּתחוּת (נ)
disappearance (extinction)	heʿalmut	הֵיעָלמוּת (נ)
to adapt oneself	lehistagel	לְהִסתַגֵל
archaeology	arχeʼo'logya	אַרכֵיאוֹלוֹגיָה (נ)
archaeologist	arχeʼolog	אַרכֵיאוֹלוֹג (ז)
archaeological (adj)	arχeʼo'logi	אַרכֵיאוֹלוֹגִי
excavation site	atar χafirot	אֲתַר חֲפִירוֹת (ז)
excavations	χafirot	חֲפִירוֹת (נ"ר)
find (object)	mimʦa	מִמצָא (ז)
fragment	resis	רְסִיס (ז)

116. Middle Ages

people (ethnic group)	am	עַם (ז)
peoples	amim	עַמִים (ז"ר)
tribe	'ʃevet	שֵבֶט (ז)
tribes	ʃvatim	שבָטִים (ז"ר)
barbarians	bar'barim	בַּרבָּרִים (ז"ר)

Gauls	'galim	גָאלִים (ז"ר)
Goths	'gotim	גוֹתִים (ז"ר)
Slavs	'slavim	סלָאבִים (ז"ר)
Vikings	'vikingim	וִיקִינגִים (ז"ר)
Romans	roma'im	רוֹמָאִים (ז"ר)
Roman (adj)	'romi	רוֹמִי
Byzantines	bi'zantim	בִּיזַנטִים (ז"ר)
Byzantium	bizantion, bizants	בִּיזַנטיוֹן, בִּיזַנץ (נ)
Byzantine (adj)	bi'zanti	בִּיזַנטִי
emperor	keisar	קֵיסָר (ז)
leader, chief (tribal ~)	manhig	מַנהִיג (ז)
powerful (~ king)	rav 'koaχ	רַב־כּוֹחַ
king	'meleχ	מֶלֶך (ז)
ruler (sovereign)	ʃalit	שַלִיט (ז)
knight	abir	אַבִּיר (ז)
feudal lord	fe'odal	פֵיאוֹדָל (ז)
feudal (adj)	fe'o'dali	פֵיאוֹדָלִי
vassal	vasal	וַסָל (ז)
duke	dukas	דוּכָּס (ז)
earl	rozen	רוֹזֵן (ז)
baron	baron	בָּרוֹן (ז)
bishop	'biʃof	בִּישוֹף (ז)
armour	ʃiryon	שִריוֹן (ז)
shield	magen	מָגֵן (ז)
sword	'χerev	חֶרֶב (נ)
visor	magen panim	מָגֵן פָּנִים (ז)
chainmail	ʃiryon kaskasim	שִריוֹן קַשׂקַשִׂים (ז)
Crusade	masa tslav	מַסָע צְלָב (ז)
crusader	tsalban	צַלבָּן (ז)
territory	'ʃetaχ	שֶטַח (ז)
to attack (invade)	litkof	לִתקוֹף
to conquer (vt)	liχboʃ	לִכבּוֹש
to occupy (invade)	lehiʃtalet	לְהִשתַלֵט
siege (to be under ~)	matsor	מָצוֹר (ז)
besieged (adj)	natsur	נָצוּר
to besiege (vt)	latsur	לָצוּר
inquisition	inkvi'zitsya	אִינקווִיזִיצִיָה (נ)
inquisitor	inkvi'zitor	אִינקווִיזִיטוֹר (ז)
torture	inui	עִינוּי (ז)
cruel (adj)	aχzari	אַכזָרִי
heretic	kofer	כּוֹפֵר (ז)
heresy	kfira	כְּפִירָה (נ)
seafaring	haflaga bayam	הַפלָגָה בַּיָם (נ)
pirate	ʃoded yam	שוֹדֵד יָם (ז)
piracy	pi'ratiyut	פִּירָטִיוּת (נ)

boarding (attack)	la'alot al	לַעֲלוֹת עַל
loot, booty	ʃalal	שָׁלָל (ז)
treasure	otsarot	אוֹצָרוֹת (ז"ר)
discovery	taglit	תַגלִית (נ)
to discover (new land, etc.)	legalot	לְגַלוֹת
expedition	miʃlaχat	מִשלַחַת (נ)
musketeer	musketer	מוּסקֶטֶר (ז)
cardinal	χaʃman	חַשמָן (ז)
heraldry	he'raldika	הֶרַלדִיקָה (נ)
heraldic (adj)	he'raldi	הֶרַלדִי

117. Leader. Chief. Authorities

king	'meleχ	מֶלֶך (ז)
queen	malka	מַלכָּה (נ)
royal (adj)	malχuti	מַלכוּתִי
kingdom	mamlaχa	מַמלָכָה (נ)
prince	nasiχ	נָסִיך (ז)
princess	nesiχa	נְסִיכָה (נ)
president	nasi	נָשִׂיא (ז)
vice-president	sgan nasi	סגַן נָשִׂיא (ז)
senator	se'nator	סֶנָאטוֹר (ז)
monarch	'meleχ	מֶלֶך (ז)
ruler (sovereign)	ʃalit	שַׁלִיט (ז)
dictator	rodan	רוֹדָן (ז)
tyrant	aruts	עָרוּץ (ז)
magnate	eil hon	אֵיל הוֹן (ז)
director	menahel	מְנַהֵל (ז)
chief	menahel, roʃ	מְנַהֵל (ז), רֹאש (ז)
manager (director)	menahel	מְנַהֵל (ז)
boss	bos	בּוֹס (ז)
owner	'ba'al	בַּעַל (ז)
leader	manhig	מַנהִיג (ז)
head (~ of delegation)	roʃ	רֹאש (ז)
authorities	ʃiltonot	שִלטוֹנוֹת (ז"ר)
superiors	memunim	מְמוּנִים (ז"ר)
governor	moʃel	מוֹשֵל (ז)
consul	'konsul	קוֹנסוּל (ז)
diplomat	diplomat	דִיפּלוֹמָט (ז)
mayor	roʃ ha'ir	רֹאש הָעִיר (ז)
sheriff	ʃerif	שֶרִיף (ז)
emperor	keisar	קֵיסָר (ז)
tsar, czar	tsar	צָאר (ז)
pharaoh	par'o	פַּרעֹה (ז)
khan	χan	חָאן (ז)

118. Breaking the law. Criminals. Part 1

bandit	ʃoded	שוֹדֵד (ז)
crime	'peʃa	פֶּשַׁע (ז)
criminal (person)	po'ʃeʿa	פּוֹשֵׁעַ (ז)
thief	ganav	גַּנָּב (ז)
to steal (vi, vt)	lignov	לִגנוֹב
stealing (larceny)	gneva	גְּנֵיבָה (נ)
theft	gneva	גְּנֵיבָה (נ)
to kidnap (vt)	laχatof	לַחֲטוֹף
kidnapping	χatifa	חֲטִיפָה (נ)
kidnapper	χotef	חוֹטֵף (ז)
ransom	'kofer	כּוֹפֶר (ז)
to demand ransom	lidroʃ 'kofer	לִדרוֹשׁ כּוֹפֶר
to rob (vt)	liʃdod	לִשדוֹד
robbery	ʃod	שוֹד (ז)
robber	ʃoded	שוֹדֵד (ז)
to extort (vt)	lisχot	לִסחוֹט
extortionist	saχtan	סַחטָן (ז)
extortion	saχtanut	סַחטָנוּת (נ)
to murder, to kill	lir'tsoaχ	לִרצוֹחַ
murder	'retsaχ	רֶצַח (ז)
murderer	ro'tseaχ	רוֹצֵחַ (ז)
gunshot	yeriya	יְרִייָה (נ)
to fire (~ a shot)	lirot	לִירוֹת
to shoot to death	lirot la'mavet	לִירוֹת לָמָוֶת
to shoot (vi)	lirot	לִירוֹת
shooting	'yeri	יֶרִי (ז)
incident (fight, etc.)	takrit	תַּקרִית (נ)
fight, brawl	ktata	קְטָטָה (נ)
Help!	ha'tsilu!	הַצִּילוּ!
victim	nifga	נִפגָּע (ז)
to damage (vt)	lekalkel	לְקַלקֵל
damage	'nezek	נֶזֶק (ז)
dead body, corpse	gufa	גּוּפָה (נ)
grave (~ crime)	χamur	חָמוּר
to attack (vt)	litkof	לִתקוֹף
to beat (to hit)	lehakot	לְהַכּוֹת
to beat up	lehakot	לְהַכּוֹת
to take (rob of sth)	la'kaχat be'koaχ	לָקַחַת בְּכוֹחַ
to stab to death	lidkor le'mavet	לִדקוֹר לְמָוֶת
to maim (vt)	lehatil mum	לְהָטִיל מוּם
to wound (vt)	lif'tsoʿa	לִפצוֹעַ
blackmail	saχtanut	סַחטָנוּת (נ)
to blackmail (vt)	lisχot	לִסחוֹט

blackmailer	saχtan	סַחטָן (ז)
protection racket	dmei χasut	דמֵי חָסוּת (ז"ר)
racketeer	gove χasut	גוֹבֶה חָסוּת (ז)
gangster	'gangster	גַנגסטֶר (ז)
mafia	'mafya	מַאפִיָה (נ)
pickpocket	kayas	כַּיָיס (ז)
burglar	porets	פּוֹרֵץ (ז)
smuggling	havraχa	הַברָחָה (נ)
smuggler	mav'riaχ	מַברִיחַ (ז)
forgery	ziyuf	זִיוּף (ז)
to forge (counterfeit)	lezayef	לְזַייֵף
fake (forged)	mezuyaf	מְזוּיָף

119. Breaking the law. Criminals. Part 2

rape	'ones	אוֹנֶס (ז)
to rape (vt)	le'enos	לֶאֱנוֹס
rapist	anas	אַנָס (ז)
maniac	'manyak	מַנְיָאק (ז)
prostitute (fem.)	zona	זוֹנָה (נ)
prostitution	znut	זנוּת (נ)
pimp	sarsur	סַרסוּר (ז)
drug addict	narkoman	נַרקוֹמָן (ז)
drug dealer	soχer samim	סוֹחֵר סַמִים (ז)
to blow up (bomb)	lefotsets	לְפוֹצֵץ
explosion	pitsuts	פִּיצוּץ (ז)
to set fire	lehatsit	לְהַצִית
arsonist	matsit	מַצִית (ז)
terrorism	terorizm	טֶרוֹרִיזם (ז)
terrorist	meχabel	מְחַבֵּל (ז)
hostage	ben aruba	בֶּן עֲרוּבָּה (ז)
to swindle (deceive)	lehonot	לְהוֹנוֹת
swindle, deception	hona'a	הוֹנָאָה (נ)
swindler	ramai	רַמַאי (ז)
to bribe (vt)	leʃaχed	לְשַחֵד
bribery	'ʃoχad	שוֹחַד (ז)
bribe	'ʃoχad	שוֹחַד (ז)
poison	'ra'al	רַעַל (ז)
to poison (vt)	lehar'il	לְהַרעִיל
to poison oneself	lehar'il et atsmo	לְהַרעִיל אֶת עַצמוֹ
suicide (act)	hit'abdut	הִתאַבְּדוּת (נ)
suicide (person)	mit'abed	מִתאַבֵּד (ז)
to threaten (vt)	le'ayem	לְאַייֵם
threat	iyum	אִיוּם (ז)

to make an attempt	lehitnakeʃ	לְהִתנַקֵש
attempt (attack)	nisayon hitnakʃut	נִיסָיוֹן הִתנַקשוּת (ז)
to steal (a car)	lignov	לִגנוֹב
to hijack (a plane)	laχatof matos	לַחֲטוֹף מָטוֹס
revenge	nekama	נְקָמָה (נ)
to avenge (get revenge)	linkom	לִנקוֹם
to torture (vt)	la'anot	לְעַנוֹת
torture	inui	עִינוּי (ז)
to torment (vt)	leyaser	לְייַסֵר
pirate	ʃoded yam	שוֹדֵד יָם (ז)
hooligan	χuligan	חוּלִיגָאן (ז)
armed (adj)	mezuyan	מְזוּיָן
violence	alimut	אַלִימוּת (נ)
illegal (unlawful)	'bilti le'gali	בִּלתִי לֶגָלִי
spying (espionage)	rigul	רִיגוּל (ז)
to spy (vi)	leragel	לְרַגֵל

120. Police. Law. Part 1

justice	'tsedek	צֶדֶק (ז)
court (see you in ~)	beit miʃpat	בֵּית מִשפָּט (ז)
judge	ʃofet	שוֹפֵט (ז)
jurors	muʃba'im	מוּשבָּעִים (ז"ר)
jury trial	χaver muʃba'im	חָבֵר מוּשבָּעִים (ז)
to judge, to try (vt)	liʃpot	לִשפּוֹט
lawyer, barrister	oreχ din	עוֹרֵך דִין (ז)
defendant	omed lemiʃpat	עוֹמֵד לְמִשפָּט (ז)
dock	safsal ne'eʃamim	סַפסַל נֶאֱשָמִים (ז)
charge	ha'aʃama	הַאֲשָמָה (נ)
accused	ne'eʃam	נֶאֱשָם (ז)
sentence	gzar din	גְזַר דִין (ז)
to sentence (vt)	lifsok	לִפסוֹק
guilty (culprit)	aʃem	אָשֵם (ז)
to punish (vt)	leha'aniʃ	לְהַעֲנִיש
punishment	'oneʃ	עוֹנֶש (ז)
fine (penalty)	knas	קנָס (ז)
life imprisonment	ma'asar olam	מַאֲסָר עוֹלָם (ז)
death penalty	'oneʃ 'mavet	עוֹנֶש מָווֶת (ז)
electric chair	kise χaʃmali	כִּיסֵא חַשמַלִי (ז)
gallows	gardom	גַרדוֹם (ז)
to execute (vt)	lehotsi la'horeg	לְהוֹצִיא לַהוֹרֵג
execution	hatsa'a le'horeg	הוֹצָאָה לְהוֹרֵג (ז)

prison	beit 'sohar	בֵּית סוֹהַר (ז)
cell	ta	תָא (ז)
escort (convoy)	miʃmar livui	מִשמָר לִיווּי (ז)
prison officer	soher	סוֹהֵר (ז)
prisoner	asir	אָסִיר (ז)
handcuffs	azikim	אֲזִיקִים (ז"ר)
to handcuff (vt)	liχbol be'azikim	לִכבּוֹל בְּאֲזִיקִים
prison break	briχa	בּרִיחָה (נ)
to break out (vi)	liv'roaχ	לִברוֹחַ
to disappear (vi)	lehe'alem	לְהֵיעָלֵם
to release (from prison)	leʃaχrer	לְשַחרֵר
amnesty	χanina	חֲנִינָה (נ)
police	miʃtara	מִשטָרָה (נ)
police officer	ʃoter	שוֹטֵר (ז)
police station	taχanat miʃtara	תַחֲנַת מִשטָרָה (נ)
truncheon	ala	אַלָה (נ)
megaphone (loudhailer)	megafon	מֶגָפוֹן (ז)
patrol car	na'yedet	נַיֶידֶת (נ)
siren	tsofar	צוֹפָר (ז)
to turn on the siren	lehaf'il tsofar	לְהַפעִיל צוֹפָר
siren call	tsfira	צפִירָה (נ)
crime scene	zirat 'peʃa	זִירַת פֶּשַע (נ)
witness	ed	עֵד (ז)
freedom	'χofeʃ	חוֹפֶש (ז)
accomplice	ʃutaf	שוּתָף (ז)
to flee (vi)	lehiχave	לְהֵיחָבֵא
trace (to leave a ~)	akev	עָקֵב (ז)

121. Police. Law. Part 2

search (investigation)	χipus	חִיפּוּש (ז)
to look for ...	leχapes	לְחַפֵּש
suspicion	χaʃad	חֲשָד (ז)
suspicious (e.g., ~ vehicle)	χaʃud	חָשוּד
to stop (cause to halt)	la'atsor	לַעֲצוֹר
to detain (keep in custody)	la'atsor	לַעֲצוֹר
case (lawsuit)	tik	תִיק (ז)
investigation	χakira	חֲקִירָה (נ)
detective	balaʃ	בַּלָש (ז)
investigator	χoker	חוֹקֵר (ז)
hypothesis	haʃ'ara	הַשעָרָה (נ)
motive	me'ni'a	מֵנִיעַ (ז)
interrogation	χakira	חֲקִירָה (נ)
to interrogate (vt)	laχkor	לַחקוֹר
to question (~ neighbors, etc.)	letaʃ'el	לְתַשאֵל

check (identity ~)	bdika	בּדִיקָה (נ)
round-up (raid)	maʦod	מָצוֹד (ז)
search (~ warrant)	χipus	חִיפּוּשׂ (ז)
chase (pursuit)	mirdaf	מִרדָף (ז)
to pursue, to chase	lirdof aχarei	לִרדוֹף אַחֲרֵי
to track (a criminal)	laʻakov aχarei	לַעֲקוֹב אַחֲרֵי

arrest	maʼasar	מַאֲסָר (ז)
to arrest (sb)	leʼesor	לֶאֱסוֹר
to catch (thief, etc.)	lilkod	לִלכּוֹד
capture	leχida	לְכִידָה (נ)

document	mismaχ	מִסמָך (ז)
proof (evidence)	hoχaχa	הוֹכָחָה (נ)
to prove (vt)	leho'χiaχ	לְהוֹכִיחַ
footprint	akev	עָקֵב (ז)
fingerprints	tviʻot eʦbaʻot	טבִיעוֹת אֶצבָּעוֹת (נ"ר)
piece of evidence	reʼaya	רְאָיָה (נ)

alibi	'alibi	אָלִיבִּי (ז)
innocent (not guilty)	χaf mi'peʃa	חַף מִפֶּשַע
injustice	i 'ʦedek	אִי צֶדֶק (ז)
unjust, unfair (adj)	lo ʦodek	לֹא צוֹדֵק

criminal (adj)	plili	פּלִילִי
to confiscate (vt)	lehaχrim	לְהַחרִים
drug (illegal substance)	sam	סַם (ז)
weapon, gun	'neʃek	נֶשֶק (ז)
to disarm (vt)	lifrok mi'neʃek	לִפרוֹק מִנֶשֶק
to order (command)	lifkod	לִפקוֹד
to disappear (vi)	leheʻalem	לְהֵיעָלֵם

law	χok	חוֹק (ז)
legal, lawful (adj)	χuki	חוּקִי
illegal, illicit (adj)	'bilti χuki	בִּלתִי חוּקִי

responsibility (blame)	aχrayut	אַחרָיוּת (נ)
responsible (adj)	aχrai	אַחרַאי

NATURE

The Earth. Part 1

122. Outer space

space	χalal	חָלָל (ז)
space (as adj)	ʃel χalal	שֶׁל חָלָל
outer space	χalal χitson	חָלָל חִיצוֹן (ז)
world	olam	עוֹלָם (ז)
universe	yekum	יְקוּם (ז)
galaxy	ga'laksya	גָלַקסיָה (נ)
star	koχav	כּוֹכָב (ז)
constellation	tsvir koχavim	צבִיר כּוֹכָבִים (ז)
planet	koχav 'leχet	כּוֹכַב לֶכֶת (ז)
satellite	lavyan	לַוויָן (ז)
meteorite	mete'orit	מֶטֶאוֹרִיט (ז)
comet	koχav ʃavit	כּוֹכַב שָׁבִיט (ז)
asteroid	aste'ro'id	אַסטֶרוֹאִיד (ז)
orbit	maslul	מַסלוּל (ז)
to revolve (~ around the Earth)	lesovev	לסוֹבֵב
atmosphere	atmos'fera	אַטמוֹספֶרָה (נ)
the Sun	'ʃemeʃ	שֶׁמֶשׁ (נ)
solar system	ma'a'reχet ha'ʃemeʃ	מַעֲרֶכֶת הַשֶׁמֶשׁ (נ)
solar eclipse	likui χama	לִיקוּי חַמָה (ז)
the Earth	kadur ha''arets	כַּדוּר הָאָרֶץ (ז)
the Moon	ya'reaχ	יָרֵחַ (ז)
Mars	ma'adim	מַאֲדִים (ז)
Venus	'noga	נוֹגַה (ז)
Jupiter	'tsedek	צֶדֶק (ז)
Saturn	ʃabtai	שַׁבּתַאי (ז)
Mercury	koχav χama	כּוֹכַב חַמָה (ז)
Uranus	u'ranus	אוּרָנוּס (ז)
Neptune	neptun	נֶפטוּן (ז)
Pluto	'pluto	פלוּטוֹ (ז)
Milky Way	ʃvil haχalav	שבִיל הֶחָלָב (ז)
Great Bear (Ursa Major)	duba gdola	דוּבָּה גדוֹלָה (נ)
North Star	koχav hatsafon	כּוֹכַב הַצָפוֹן (ז)
Martian	toʃav ma'adim	תוֹשַב מַאֲדִים (ז)
extraterrestrial (n)	χutsan	חוּצָן (ז)

alien	xaizar	חַייזָר (ז)
flying saucer	tsa'laxat me'o'fefet	צַלַחַת מְעוֹפֶפֶת (נ)
spaceship	xalalit	חֲלָלִית (נ)
space station	taxanat xalal	תַחֲנַת חָלָל (נ)
blast-off	hamra'a	הַמרָאָה (נ)
engine	ma'no'a	מָנוֹעַ (ז)
nozzle	nexir	נְחִיר (ז)
fuel	'delek	דֶלֶק (ז)
cockpit, flight deck	'kokpit	קוֹקפִּיט (ז)
aerial	an'tena	אַנטֶנָה (נ)
porthole	eʃnav	אֶשנָב (ז)
solar panel	'luax so'lari	לוּחַ סוֹלָרִי (ז)
spacesuit	xalifat xalal	חֲלִיפַת חָלָל (נ)
weightlessness	'xoser miʃkal	חוֹסֶר מִשקָל (ז)
oxygen	xamtsan	חַמצָן (ז)
docking (in space)	agina	עֲגִינָה (נ)
to dock (vi, vt)	la'agon	לַעֲגוֹן
observatory	mitspe koxavim	מִצפֵּה כּוֹכָבִים (ז)
telescope	teleskop	טֶלֶסקוֹפּ (ז)
to observe (vt)	litspot, lehaʃkif	לִצפּוֹת, לְהַשקִיף
to explore (vt)	laxkor	לַחקוֹר

123. The Earth

the Earth	kadur ha"arets	כַּדוּר הָאָרֶץ (ז)
the globe (the Earth)	kadur ha"arets	כַּדוּר הָאָרֶץ (ז)
planet	koxav 'lexet	כּוֹכַב לֶכֶת (ז)
atmosphere	atmos'fera	אַטמוֹספֶרָה (נ)
geography	ge'o'grafya	גֵיאוֹגרַפיָה (נ)
nature	'teva	טֶבַע (ז)
globe (table ~)	'globus	גלוֹבּוּס (ז)
map	mapa	מַפָּה (נ)
atlas	'atlas	אַטלָס (ז)
Europe	ei'ropa	אֵירוֹפָּה (נ)
Asia	'asya	אַסיָה (נ)
Africa	'afrika	אַפרִיקָה (נ)
Australia	ost'ralya	אוֹסטרַלְיָה (נ)
America	a'merika	אָמֶרִיקָה (נ)
North America	a'merika hatsfonit	אָמֶרִיקָה הַצפוֹנִית (נ)
South America	a'merika hadromit	אָמֶרִיקָה הַדרוֹמִית (נ)
Antarctica	ya'beʃet an'tarktika	יַבֶּשֶת אַנטַארקטִיקָה (נ)
the Arctic	'arktika	אַרקטִיקָה (נ)

124. Cardinal directions

north	tsafon	צָפוֹן (ז)
to the north	tsa'fona	צָפוֹנָה
in the north	batsafon	בַּצָפוֹן
northern (adj)	tsfoni	צפוֹנִי
south	darom	דָרוֹם (ז)
to the south	da'roma	דָרוֹמָה
in the south	badarom	בַּדָרוֹם
southern (adj)	dromi	דרוֹמִי
west	maʿarav	מַעֲרָב (ז)
to the west	maʿa'rava	מַעֲרָבָה
in the west	bamaʿarav	בַּמַעֲרָב
western (adj)	maʿaravi	מַעֲרָבִי
east	mizraχ	מִזרָח (ז)
to the east	miz'raχa	מִזרָחָה
in the east	bamizraχ	בַּמִזרָח
eastern (adj)	mizraχi	מִזרָחִי

125. Sea. Ocean

sea	yam	יָם (ז)
ocean	ok'yanos	אוֹקיָאנוֹס (ז)
gulf (bay)	mifrats	מִפרָץ (ז)
straits	meitsar	מֵיצָר (ז)
land (solid ground)	yabaʃa	יַבָּשָה (נ)
continent (mainland)	ya'beʃet	יַבֶּשֶת (נ)
island	i	אִי (ז)
peninsula	χatsi i	חֲצִי אִי (ז)
archipelago	arχipelag	אַרכִיפֶּלָג (ז)
bay, cove	mifrats	מִפרָץ (ז)
harbour	namal	נָמָל (ז)
lagoon	la'guna	לָגוּנָה (נ)
cape	kef	כֵּף (ז)
atoll	atol	אָטוֹל (ז)
reef	ʃunit	שוּנִית (נ)
coral	almog	אַלמוֹג (ז)
coral reef	ʃunit almogim	שוּנִית אַלמוֹגִים (נ)
deep (adj)	amok	עָמוֹק
depth (deep water)	'omek	עוֹמֶק (ז)
abyss	tehom	תְהוֹם (נ)
trench (e.g. Mariana ~)	maχteʃ	מַכתֵש (ז)
current (Ocean ~)	'zerem	זֶרֶם (ז)
to surround (bathe)	lehakif	לְהַקִיף
shore	χof	חוֹף (ז)

coast	χof yam	חוֹף יָם (ז)
flow (flood tide)	ge'ut	גֵאוּת (נ)
ebb (ebb tide)	'ʃefel	שֵׁפֶל (ז)
shoal	sirton	שִׂרטוֹן (ז)
bottom (~ of the sea)	karka'it	קַרקָעִית (נ)
wave	gal	גַל (ז)
crest (~ of a wave)	pisgat hagal	פִּסגַת הַגַל (נ)
spume (sea foam)	'ketsef	קֶצֶף (ז)
storm (sea storm)	sufa	סוּפָה (נ)
hurricane	hurikan	הוּרִיקָן (ז)
tsunami	tsu'nami	צוּנָאמִי (ז)
calm (dead ~)	'roga	רוֹגַע (ז)
quiet, calm (adj)	ʃalev	שָׁלֵו
pole	'kotev	קוֹטֶב (ז)
polar (adj)	kotbi	קוֹטבִּי
latitude	kav 'roχav	קַו רוֹחַב (ז)
longitude	kav 'oreχ	קַו אוֹרֶך (ז)
parallel	kav 'roχav	קַו רוֹחַב (ז)
equator	kav hamaʃve	קַו הַמַשׁוֶוה (ז)
sky	ʃa'mayim	שָׁמַיִים (ז"ר)
horizon	'ofek	אוֹפֶק (ז)
air	avir	אֲוִויר (ז)
lighthouse	migdalor	מִגדַלוֹר (ז)
to dive (vi)	litslol	לִצלוֹל
to sink (ab. boat)	lit'bo'a	לִטבּוֹעַ
treasure	otsarot	אוֹצָרוֹת (ז"ר)

126. Seas & Oceans names

Atlantic Ocean	ha'ok'yanus ha'at'lanti	הָאוֹקייָנוֹס הָאַטלַנטִי (ז)
Indian Ocean	ha'ok'yanus ha'hodi	הָאוֹקייָנוֹס הַהוֹדִי (ז)
Pacific Ocean	ha'ok'yanus haʃaket	הָאוֹקייָנוֹס הַשָׁקֵט (ז)
Arctic Ocean	ok'yanos ha'keraχ hatsfoni	אוֹקייָנוֹס הַקֶרַח הַצפוֹנִי (ז)
Black Sea	hayam haʃaχor	הַיָם הַשָׁחוֹר (ז)
Red Sea	yam suf	יַם סוּף (ז)
Yellow Sea	hayam hatsahov	הַיָם הַצָהוֹב (ז)
White Sea	hayam halavan	הַיָם הַלָבָן (ז)
Caspian Sea	hayam ha'kaspi	הַיָם הַכַּספִּי (ז)
Dead Sea	yam ha'melaχ	יַם הַמֶלַח (ז)
Mediterranean Sea	hayam hatiχon	הַיָם הַתִיכוֹן (ז)
Aegean Sea	hayam ha'e'ge'i	הַיָם הָאֶגֶאִי (ז)
Adriatic Sea	hayam ha'adri'yati	הַיָם הָאַדרִיָאתִי (ז)
Arabian Sea	hayam ha'aravi	הַיָם הָעֲרָבִי (ז)
Sea of Japan	hayam haya'pani	הַיָם הַיַפָּנִי (ז)

Bering Sea	yam 'bering	יַם בֶּרִינג (ז)
South China Sea	yam sin hadromi	יַם סִין הַדרוֹמִי (ז)
Coral Sea	yam ha'almogim	יַם הָאַלמוֹגִים (ז)
Tasman Sea	yam tasman	יַם טַסמָן (ז)
Caribbean Sea	hayam haka'ribi	הַיָם הַקָרִיבִּי (ז)
Barents Sea	yam 'barents	ים בָּרֶנץ (ז)
Kara Sea	yam 'kara	יַם קָארָה (ז)
North Sea	hayam hatsfoni	הַיָם הַצפוֹנִי (ז)
Baltic Sea	hayam ha'balti	הַיָם הַבָּלטִי (ז)
Norwegian Sea	hayam hanor'vegi	הַיָם הַנוֹרבֶגִי (ז)

127. Mountains

mountain	har	הַר (ז)
mountain range	'reχes harim	רֶכֶס הָרִים (ז)
mountain ridge	'reχes har	רֶכֶס הַר (ז)
summit, top	pisga	פִּסגָה (נ)
peak	pisga	פִּסגָה (נ)
foot (~ of the mountain)	margelot	מַרגְלוֹת (נ"ר)
slope (mountainside)	midron	מִדרוֹן (ז)
volcano	har 'ga'aʃ	הַר גַעַש (ז)
active volcano	har 'ga'aʃ pa'il	הַר גַעַש פָּעִיל (ז)
dormant volcano	har 'ga'aʃ radum	הַר גַעַש רָדוּם (ז)
eruption	hitpartsut	הִתפָּרצוּת (נ)
crater	lo'a	לוֹעַ (ז)
magma	megama	מַגמָה (נ)
lava	'lava	לָאבָה (נ)
molten (~ lava)	lohet	לוֹהֵט
canyon	kanyon	קַניוֹן (ז)
gorge	gai	גַיא (ז)
crevice	'beka	בֶּקַע (ז)
abyss (chasm)	tehom	תְהוֹם (נ)
pass, col	ma'avar harim	מַעֲבַר הָרִים (ז)
plateau	rama	רָמָה (נ)
cliff	tsuk	צוּק (ז)
hill	giv'a	גִבעָה (נ)
glacier	karχon	קַרחוֹן (ז)
waterfall	mapal 'mayim	מַפַּל מַיִם (ז)
geyser	'geizer	גֵייזֶר (ז)
lake	agam	אֲגַם (ז)
plain	miʃor	מִישוֹר (ז)
landscape	nof	נוֹף (ז)
echo	hed	הֵד (ז)
alpinist	metapes harim	מְטַפֵּס הָרִים (ז)

rock climber	metapes sla'im	מְטַפֵּס סלָעִים (ז)
to conquer (in climbing)	liχboʃ	לִכבּוֹש
climb (an easy ~)	tipus	טִיפּוּס (ז)

128. Mountains names

The Alps	harei ha"alpim	הָרֵי הָאָלפִּים (ז"ר)
Mont Blanc	mon blan	מוֹן בּלָאן (ז)
The Pyrenees	pire'ne'im	פִּירֶנֶאִים (ז"ר)
The Carpathians	kar'patim	קרפָּטִים (ז"ר)
The Ural Mountains	harei ural	הָרֵי אוּרָל (ז"ר)
The Caucasus Mountains	harei hakavkaz	הָרֵי הַקָווקָז (ז"ר)
Mount Elbrus	elbrus	אֶלבּרוּס (ז)
The Altai Mountains	harei altai	הָרֵי אַלטַאי (ז"ר)
The Tian Shan	tyan ʃan	טִיָאן שָאן (ז)
The Pamirs	harei pamir	הָרֵי פָּאמִיר (ז"ר)
The Himalayas	harei hehima'laya	הָרֵי הָהִימָלַאיָה (ז"ר)
Mount Everest	everest	אֶוורֶסט (ז)
The Andes	harei ha"andim	הָרֵי הָאַנדִים (ז"ר)
Mount Kilimanjaro	kiliman'dʒaro	קִילִימַנגָ'רוֹ (ז)

129. Rivers

river	nahar	נָהָר (ז)
spring (natural source)	ma'ayan	מַעיָין (ז)
riverbed (river channel)	afik	אָפִיק (ז)
basin (river valley)	agan nahar	אַגַן נָהָר (ז)
to flow into ...	lehiʃapeχ	לְהִישָפֵך
tributary	yuval	יוּבַל (ז)
bank (river ~)	χof	חוֹף (ז)
current (stream)	'zerem	זֶרֶם (ז)
downstream (adv)	bemorad hanahar	בְּמוֹרַד הַנָהָר
upstream (adv)	bema'ale hanahar	בְּמַעֲלֶה הַזֶרֶם
inundation	hatsafa	הֲצָפָה (נ)
flooding	ʃitafon	שִיטָפוֹן (ז)
to overflow (vi)	la'alot al gdotav	לַעֲלוֹת עַל גדוֹתָיו
to flood (vt)	lehatsif	לְהָצִיף
shallow (shoal)	sirton	שׂירטוֹן (ז)
rapids	'eʃed	אֶשֶד (ז)
dam	'seχer	סֶכֶר (ז)
canal	te'ala	תְעָלָה (נ)
reservoir (artificial lake)	ma'agar 'mayim	מַאֲגַר מַיִם (ז)
sluice, lock	ta 'ʃayit	תָא שַיִט (ז)
water body (pond, etc.)	ma'agar 'mayim	מַאֲגַר מַיִם (ז)

swamp (marshland)	biʦa	בִּיצָה (נ)
bog, marsh	biʦa	בִּיצָה (נ)
whirlpool	meʿar'bolet	מְעַרבּוֹלֶת (נ)
stream (brook)	'naχal	נַחַל (ז)
drinking (ab. water)	ʃel ʃtiya	שֶל שתִייָה
fresh (~ water)	metukim	מְתוּקִים
ice	'keraχ	קֶרַח (ז)
to freeze over (ab. river, etc.)	likpo	לִקפּוֹא

130. Rivers names

Seine	hasen	הַסֶן (ז)
Loire	luʾar	לוּאָר (ז)
Thames	'temza	תֶמזָה (ז)
Rhine	hrain	הרַיין (ז)
Danube	da'nuba	דָנוּבָּה (ז)
Volga	'volga	ווֹלגָה (ז)
Don	nahar don	נָהָר דוֹן (ז)
Lena	'lena	לֶנָה (ז)
Yellow River	hvang ho	הוּוַנג הוֹ (ז)
Yangtze	yangʦe	יַאנגצֶה (ז)
Mekong	mekong	מֵקוֹנג (ז)
Ganges	'ganges	גַנגֶס (ז)
Nile River	'nilus	נִילוּס (ז)
Congo River	'kongo	קוֹנגוֹ (ז)
Okavango River	ok'vango	אוֹקַבַנגוֹ (ז)
Zambezi River	zam'bezi	זַמבֶּזִי (ז)
Limpopo River	limpopo	לִימפּוֹפּוֹ (ז)
Mississippi River	misi'sipi	מִיסִיסִיפִּי (ז)

131. Forest

forest, wood	'yaʿar	יַעַר (ז)
forest (as adj)	ʃel 'yaʿar	שֶל יַעַר
thick forest	avi ha'yaʿar	עֲבִי הַיַעַר (ז)
grove	χurʃa	חוּרשָה (נ)
forest clearing	ka'raχat 'yaʿar	קָרַחַת יַעַר (נ)
thicket	svaχ	סבַך (ז)
scrubland	'siaχ	שִׂיחַ (ז)
footpath (troddenpath)	ʃvil	שבִיל (ז)
gully	'emek ʦar	עֵמֶק צַר (ז)
tree	eʦ	עֵץ (ז)
leaf	ale	עָלֶה (ז)

leaves (foliage)	alva	עָלווָה (נ)
fall of leaves	ʃa'leχet	שַׁלֶכֶת (נ)
to fall (ab. leaves)	linʃor	לִנשוֹר
top (of the tree)	tsa'meret	צַמֶרֶת (נ)
branch	anaf	עָנָף (ז)
bough	anaf ave	עָנָף עָבֶה (ז)
bud (on shrub, tree)	nitsan	נִיצָן (ז)
needle (of the pine tree)	'maχat	מַחַט (נ)
fir cone	itstrubal	אִצטרוּבָּל (ז)
tree hollow	χor baʿets	חוֹר בָּעֵץ (ז)
nest	ken	קֵן (ז)
burrow (animal hole)	meχila	מְחִילָה (נ)
trunk	'geza	גֶזַע (ז)
root	'ʃoreʃ	שוֹרֶש (ז)
bark	klipa	קלִיפָּה (נ)
moss	taχav	טַחַב (ז)
to uproot (remove trees or tree stumps)	laʿakor	לַעֲקוֹר
to chop down	liχrot	לִכרוֹת
to deforest (vt)	levare	לְבָרֵא
tree stump	'gedem	גֶדֶם (ז)
campfire	medura	מְדוּרָה (נ)
forest fire	srefa	שׂרֵיפָה (נ)
to extinguish (vt)	leχabot	לְכַבּוֹת
forest ranger	ʃomer 'yaʿar	שוֹמֵר יַעַר (ז)
protection	ʃmira	שמִירָה (נ)
to protect (~ nature)	liʃmor	לִשמוֹר
poacher	tsayad lelo reʃut	צַייָד לְלֹא רְשוּת (ז)
steel trap	mal'kodet	מַלכּוֹדֶת (נ)
to gather, to pick (vt)	lelaket	לְלַקֵט
to lose one's way	litʿot	לִתעוֹת

132. Natural resources

natural resources	otsarot 'teva	אוֹצָרוֹת טֶבַע (ז"ר)
minerals	mine'ralim	מִינֶרָלִים (ז"ר)
deposits	mirbats	מִרבָּץ (ז)
field (e.g. oilfield)	mirbats	מִרבָּץ (ז)
to mine (extract)	liχrot	לִכרוֹת
mining (extraction)	kriya	כּרִייָה (נ)
ore	afra	עַפרָה (נ)
mine (e.g. for coal)	miχre	מִכרֶה (ז)
shaft (mine ~)	pir	פִּיר (ז)
miner	kore	כּוֹרֶה (ז)
gas (natural ~)	gaz	גָז (ז)
gas pipeline	tsinor gaz	צִינוֹר גָז (ז)

oil (petroleum)	neft	נֵפְט (ז)
oil pipeline	tsinor neft	צִינוֹר נֵפְט (ז)
oil well	be'er neft	בְּאֵר נֵפְט (נ)
derrick (tower)	migdal ki'duaχ	מִגדָל קִידוּחַ (ז)
tanker	meχalit	מְיכָלִית (נ)
sand	χol	חוֹל (ז)
limestone	'even gir	אֶבֶן גִיר (נ)
gravel	χatsats	חָצָץ (ז)
peat	kavul	כָּבוּל (ז)
clay	tit	טִיט (ז)
coal	peχam	פֶּחָם (ז)
iron (ore)	barzel	בַּרזֶל (ז)
gold	zahav	זָהָב (ז)
silver	'kesef	כֶּסֶף (ז)
nickel	'nikel	נִיקֶל (ז)
copper	ne'χoʃet	נְחוֹשֶׁת (נ)
zinc	avats	אָבָץ (ז)
manganese	mangan	מַנגָן (ז)
mercury	kaspit	כַּספִּית (נ)
lead	o'feret	עוֹפֶרֶת (נ)
mineral	mineral	מִינֶרָל (ז)
crystal	gaviʃ	גָבִיש (ז)
marble	'ʃayiʃ	שַׁיִש (ז)
uranium	u'ranyum	אוּרַניוּם (ז)

The Earth. Part 2

133. Weather

weather	'mezeg avir	מֶזֶג אֲווִיר (ז)
weather forecast	taχazit 'mezeg ha'avir	תַחֲזִית מֶזֶג הָאֲווִיר (נ)
temperature	tempera'tura	טֶמפֶּרָטוּרָה (נ)
thermometer	madχom	מַדחוֹם (ז)
barometer	ba'rometer	בָּרוֹמֶטֶר (ז)
humid (adj)	laχ	לַח
humidity	laχut	לַחוּת (נ)
heat (extreme ~)	χom	חוֹם (ז)
hot (torrid)	χam	חַם
it's hot	χam	חַם
it's warm	χamim	חָמִים
warm (moderately hot)	χamim	חָמִים
it's cold	kar	קַר
cold (adj)	kar	קַר
sun	'ʃemeʃ	שֶמֶש (נ)
to shine (vi)	lizhor	לִזהוֹר
sunny (day)	ʃimʃi	שִמשִי
to come up (vi)	liz'roaχ	לִזרוֹחַ
to set (vi)	liʃko'a	לִשקוֹעַ
cloud	anan	עָנָן (ז)
cloudy (adj)	me'unan	מְעוּנָן
rain cloud	av	עָב (ז)
somber (gloomy)	sagriri	סַגרִירִי
rain	'geʃem	גֶשֶם (ז)
it's raining	yored 'geʃem	יוֹרֵד גֶשֶם
rainy (~ day, weather)	gaʃum	גָשוּם
to drizzle (vi)	letaftef	לְטַפטֵף
pouring rain	matar	מָטָר (ז)
downpour	mabul	מַבּוּל (ז)
heavy (e.g. ~ rain)	χazak	חָזָק
puddle	ʃlulit	שלוּלִית (נ)
to get wet (in rain)	lehitratev	לְהִתרַטֵב
fog (mist)	arapel	עֲרָפֶל (ז)
foggy	me'urpal	מְעוּרפָּל
snow	'ʃeleg	שֶלֶג (ז)
it's snowing	yored 'ʃeleg	יוֹרֵד שֶלֶג

134. Severe weather. Natural disasters

thunderstorm	sufat re'amim	סוּפַת רְעָמִים (נ)
lightning (~ strike)	barak	בָּרָק (ז)
to flash (vi)	livhok	לְבהוֹק
thunder	'ra'am	רַעַם (ז)
to thunder (vi)	lir'om	לִרעוֹם
it's thundering	lir'om	לִרעוֹם
hail	barad	בָּרָד (ז)
it's hailing	yored barad	יוֹרֵד בָּרָד
to flood (vt)	lehatsif	לְהָצִיף
flood, inundation	ʃitafon	שִיטָפוֹן (ז)
earthquake	re'idat adama	רְעִידַת אֲדָמָה (נ)
tremor, shoke	re'ida	רְעִידָה (נ)
epicentre	moked	מוֹקֵד (ז)
eruption	hitpartsut	הִתפָּרצוּת (נ)
lava	'lava	לָאבָה (נ)
twister	hurikan	הוּרִיקָן (ז)
tornado	tor'nado	טוֹרנָדוֹ (ז)
typhoon	taifun	טַייפוּן (ז)
hurricane	hurikan	הוּרִיקָן (ז)
storm	sufa	סוּפָה (נ)
tsunami	tsu'nami	צוּנָאמִי (ז)
cyclone	tsiklon	צִיקלוֹן (ז)
bad weather	sagrir	סַגרִיר (ז)
fire (accident)	srefa	שׂרֵיפָה (נ)
disaster	ason	אָסוֹן (ז)
meteorite	mete'orit	מֶטֶאוֹרִיט (ז)
avalanche	ma'polet ʃlagim	מַפּוֹלֶת שלָגִים (נ)
snowslide	ma'polet ʃlagim	מַפּוֹלֶת שלָגִים (נ)
blizzard	sufat ʃlagim	סוּפַת שלָגִים (נ)
snowstorm	sufat ʃlagim	סוּפַת שלָגִים (נ)

Fauna

135. Mammals. Predators

predator	χayat 'teref	חַיַּת טֶרֶף (נ)
tiger	'tigris	טִיגְרִיס (ז)
lion	arye	אַרְיֵה (ז)
wolf	ze'ev	זְאֵב (ז)
fox	ʃu'al	שׁוּעָל (ז)
jaguar	yagu'ar	יָגוּאָר (ז)
leopard	namer	נָמֵר (ז)
cheetah	bardelas	בַּרְדְּלָס (ז)
black panther	panter	פַּנְתֵּר (ז)
puma	'puma	פּוּמָה (נ)
snow leopard	namer 'ʃeleg	נָמֵר שֶׁלֶג (ז)
lynx	ʃunar	שׁוּנָר (ז)
coyote	ze'ev ha'aravot	זְאֵב הָעֲרָבוֹת (ז)
jackal	tan	תַּן (ז)
hyena	tsa'vo'a	צָבוֹעַ (ז)

136. Wild animals

animal	'ba'al χayim	בַּעַל חַיִּים (ז)
beast (animal)	χaya	חַיָּה (נ)
squirrel	sna'i	סְנָאִי (ז)
hedgehog	kipod	קִיפּוֹד (ז)
hare	arnav	אַרְנָב (ז)
rabbit	ʃafan	שָׁפָן (ז)
badger	girit	גִּירִית (נ)
raccoon	dvivon	דְּבִיבוֹן (ז)
hamster	oger	אוֹגֵר (ז)
marmot	mar'mita	מַרְמִיטָה (נ)
mole	χafar'peret	חֲפַרְפֶּרֶת (נ)
mouse	aχbar	עַכְבָּר (ז)
rat	χulda	חוּלְדָּה (נ)
bat	atalef	עֲטַלֵּף (ז)
ermine	hermin	הֶרְמִין (ז)
sable	tsobel	צוֹבֶּל (ז)
marten	dalak	דַּלָּק (ז)
weasel	χamus	חָמוּס (ז)
mink	χorfan	חוֹרְפָן (ז)

beaver	bone	בּוֹנֶה (ז)
otter	lutra	לוּטרָה (נ)
horse	sus	סוּס (ז)
moose	ayal hakore	אַיָיל הַקוֹרֵא (ז)
deer	ayal	אַיָיל (ז)
camel	gamal	גָמָל (ז)
bison	bizon	בִּיזוֹן (ז)
wisent	bizon ei'ropi	בִּיזוֹן אֵירוֹפִּי (ז)
buffalo	te'o	תְאוֹ (ז)
zebra	'zebra	זֶבּרָה (נ)
antelope	anti'lopa	אַנטִילוֹפָּה (ז)
roe deer	ayal hakarmel	אַיַיל הַכַּרמֶל (ז)
fallow deer	yaχmur	יַחמוּר (ז)
chamois	ya'el	יָעֵל (ז)
wild boar	χazir bar	חֲזִיר בָּר (ז)
whale	livyatan	לִוויָתָן (ז)
seal	'kelev yam	כֶּלֶב יָם (ז)
walrus	sus yam	סוּס יָם (ז)
fur seal	dov yam	דוֹב יָם (ז)
dolphin	dolfin	דוֹלפִין (ז)
bear	dov	דוֹב (ז)
polar bear	dov 'kotev	דוֹב קוֹטֶב (ז)
panda	'panda	פַּנדָה (נ)
monkey	kof	קוֹף (ז)
chimpanzee	ʃimpanze	שִימפַּנזָה (נ)
orangutan	orang utan	אוֹרַנג־אוּטָן (ז)
gorilla	go'rila	גוֹרִילָה (נ)
macaque	makak	מָקָק (ז)
gibbon	gibon	גִיבּוֹן (ז)
elephant	pil	פִּיל (ז)
rhinoceros	karnaf	קַרנַף (ז)
giraffe	dʒi'rafa	ג'ירָפָה (נ)
hippopotamus	hipopotam	הִיפּוֹפּוֹטָם (ז)
kangaroo	'kenguru	קֶנגוּרוּ (ז)
koala (bear)	ko''ala	קוֹאָלָה (ז)
mongoose	nemiya	נְמִייָה (נ)
chinchilla	ʧin'ʧila	צ'ינצ'ילָה (נ)
skunk	bo'eʃ	בּוֹאֵש (ז)
porcupine	darban	דָרבָּן (ז)

137. Domestic animals

cat	χatula	חֲתוּלָה (נ)
tomcat	χatul	חָתוּל (ז)
dog	'kelev	כֶּלֶב (ז)

horse	sus	סוּס (ז)
stallion (male horse)	sus harbaʿa	סוּס הַרבָּעָה (ז)
mare	susa	סוּסָה (נ)
cow	para	פָּרָה (נ)
bull	ʃor	שׁוֹר (ז)
ox	ʃor	שׁוֹר (ז)
sheep (ewe)	kivsa	כִּבשָׂה (נ)
ram	'ayil	אַיִל (ז)
goat	ez	עֵז (נ)
billy goat, he-goat	'tayiʃ	תַּיִשׁ (ז)
donkey	χamor	חֲמוֹר (ז)
mule	'pered	פֶּרֶד (ז)
pig	χazir	חֲזִיר (ז)
piglet	χazarzir	חֲזַרזִיר (ז)
rabbit	arnav	אַרנָב (ז)
hen (chicken)	tarne'golet	תַּרנְגוֹלֶת (נ)
cock	tarnegol	תַּרנְגוֹל (ז)
duck	barvaz	בַּרווָז (ז)
drake	barvaz	בַּרווָז (ז)
goose	avaz	אֲווָז (ז)
tom turkey, gobbler	tarnegol 'hodu	תַּרנְגוֹל הוֹדוּ (ז)
turkey (hen)	tarne'golet 'hodu	תַּרנְגוֹלֶת הוֹדוּ (נ)
domestic animals	χayot 'bayit	חַיוֹת בַּיִת (נ"ר)
tame (e.g. ~ hamster)	mevuyat	מְבוּיָת
to tame (vt)	levayet	לְבַיֵית
to breed (vt)	lehar'biʿa	לְהַרבִּיעַ
farm	χava	חַווָה (נ)
poultry	ofot 'bayit	עוֹפוֹת בַּיִת (נ"ר)
cattle	bakar	בָּקָר (ז)
herd (cattle)	'eder	עֵדֶר (ז)
stable	urva	אוּרווָה (נ)
pigsty	dir χazirim	דִיר חֲזִירִים (ז)
cowshed	'refet	רֶפֶת (נ)
rabbit hutch	arnaviya	אַרנָבִייָה (נ)
hen house	lul	לוּל (ז)

138. Birds

bird	tsipor	צִיפּוֹר (נ)
pigeon	yona	יוֹנָה (נ)
sparrow	dror	דרוֹר (ז)
tit (great tit)	yargazi	יַרגָזִי (ז)
magpie	orev neχalim	עוֹרֵב נְחָלִים (ז)
raven	orev ʃaχor	עוֹרֵב שָׁחוֹר (ז)

crow	orev afor	עוֹרֵב אָפוֹר (ז)
jackdaw	ka'ak	קָאָק (ז)
rook	orev hamizra	עוֹרֵב הַמִזרָע (ז)
duck	barvaz	בַּרווָז (ז)
goose	avaz	אַווָז (ז)
pheasant	pasyon	פַּסיוֹן (ז)
eagle	'ayit	עַיִט (ז)
hawk	nets	נֵץ (ז)
falcon	baz	בַּז (ז)
vulture	ozniya	עוֹזנִייָה (ז)
condor (Andean ~)	kondor	קוֹנדוֹר (ז)
swan	barbur	בַּרבּוּר (ז)
crane	agur	עָגוּר (ז)
stork	χasida	חֲסִידָה (נ)
parrot	'tuki	תּוּכִּי (ז)
hummingbird	ko'libri	קוֹלִיבּרִי (ז)
peacock	tavas	טַווָס (ז)
ostrich	bat ya'ana	בַּת יַעֲנָה (נ)
heron	anafa	אֲנָפָה (נ)
flamingo	fla'mingo	פלָמִינגוֹ (ז)
pelican	saknai	שַׂקנַאי (ז)
nightingale	zamir	זָמִיר (ז)
swallow	snunit	סנוּנִית (נ)
thrush	kiχli	קִיכלִי (ז)
song thrush	kiχli mezamer	קִיכלִי מְזַמֵר (ז)
blackbird	kiχli ʃaχor	קִיכלִי שָחוֹר (ז)
swift	sis	סִיס (ז)
lark	efroni	עֶפרוֹנִי (ז)
quail	slav	שׂלָיו (ז)
woodpecker	'neker	נֶקֶר (ז)
cuckoo	kukiya	קוּקִייָה (נ)
owl	yanʃuf	יַנשוּף (ז)
eagle owl	'oaχ	אוֹחַ (ז)
wood grouse	seχvi 'ya'ar	שֶׂכווִי יַעַר (ז)
black grouse	seχvi	שֶׂכווִי (ז)
partridge	χogla	חוֹגלָה (נ)
starling	zarzir	זַרזִיר (ז)
canary	ka'narit	קָנָרִית (נ)
hazel grouse	seχvi haya'arot	שֶׂכווִי הַיְעָרוֹת (ז)
chaffinch	paroʃ	פָּרוּש (ז)
bullfinch	admonit	אַדמוֹנִית (נ)
seagull	'ʃaχaf	שַחַף (ז)
albatross	albatros	אַלבַּטרוֹס (ז)
penguin	pingvin	פִּינגווִין (ז)

139. Fish. Marine animals

bream	avroma	אַברוֹמָה (נ)
carp	karpiyon	קַרפִּיוֹן (ז)
perch	'okunus	אוֹקוּנוּס (ז)
catfish	sfamnun	שְׂפַמנוּן (ז)
pike	ze'ev 'mayim	זְאֵב מַיִם (ז)
salmon	'salmon	סַלמוֹן (ז)
sturgeon	χidkan	חִדקָן (ז)
herring	ma'liaχ	מָלִיחַ (ז)
Atlantic salmon	iltit	אִילתִית (נ)
mackerel	makarel	מָקָרֶל (ז)
flatfish	dag moʃe ra'benu	דַג מֹשֶה רַבֵּנוּ (ז)
zander, pike perch	amnun	אַמנוּן (ז)
cod	ʃibut	שִיבּוּט (ז)
tuna	'tuna	טוּנָה (נ)
trout	forel	פוֹרֶל (ז)
eel	tslofaχ	צלוֹפָח (ז)
electric ray	trisanit	תְרִיסָנִית (נ)
moray eel	mo'rena	מוֹרֶנָה (נ)
piranha	pi'ranya	פִּירַנְיָה (נ)
shark	kariʃ	כָּרִיש (ז)
dolphin	dolfin	דוֹלפִין (ז)
whale	livyatan	לִווייָתָן (ז)
crab	sartan	סַרטָן (ז)
jellyfish	me'duza	מֶדוּזָה (נ)
octopus	tamnun	תְמַנוּן (ז)
starfish	koχav yam	כּוֹכַב יָם (ז)
sea urchin	kipod yam	קִיפּוֹד יָם (ז)
seahorse	suson yam	סוּסוֹן יָם (ז)
oyster	tsidpa	צִדפָּה (נ)
prawn	χasilon	חֲסִילוֹן (ז)
lobster	'lobster	לוֹבּסטֶר (ז)
spiny lobster	'lobster kotsani	לוֹבּסטֶר קוֹצָנִי (ז)

140. Amphibians. Reptiles

snake	naχaʃ	נָחָש (ז)
venomous (snake)	arsi	אַרסִי
viper	'tsefa	צֶפַע (ז)
cobra	'peten	פֶּתֶן (ז)
python	piton	פִּיתוֹן (ז)
boa	χanak	חַנָק (ז)
grass snake	naχaʃ 'mayim	נְחַש מַיִם (ז)

rattle snake	ʃfifon	שְׁפִיפוֹן (ז)
anaconda	ana'konda	אָנָקוֹנדָה (נ)
lizard	leta'a	לְטָאָה (נ)
iguana	igu''ana	אִיגוּאָנָה (נ)
monitor lizard	'koaχ	כּוֹחַ (ז)
salamander	sala'mandra	סָלָמַנדרָה (נ)
chameleon	zikit	זִיקִית (נ)
scorpion	akrav	עַקרָב (ז)
turtle	tsav	צָב (ז)
frog	tsfar'de'a	צְפַרדֵעַ (נ)
toad	karpada	קַרפָּדָה (נ)
crocodile	tanin	תַנִין (ז)

141. Insects

insect	χarak	חָרָק (ז)
butterfly	parpar	פַּרפַּר (ז)
ant	nemala	נְמָלָה (נ)
fly	zvuv	זבוּב (ז)
mosquito	yatuʃ	יַתוּשׁ (ז)
beetle	χipuʃit	חִיפּוּשִׁית (נ)
wasp	tsir'a	צִרעָה (נ)
bee	dvora	דבוֹרָה (נ)
bumblebee	dabur	דַבּוּר (ז)
gadfly (botfly)	zvuv hasus	זבוּב הַסוּס (ז)
spider	akaviʃ	עַכָּבִישׁ (ז)
spider's web	kurei akaviʃ	קוּרֵי עַכָּבִישׁ (ז"ר)
dragonfly	ʃapirit	שַׁפִּירִית (נ)
grasshopper	χagav	חָגָב (ז)
moth (night butterfly)	aʃ	עָשׁ (ז)
cockroach	makak	מַקָק (ז)
tick	kartsiya	קַרצִייָה (נ)
flea	par'oʃ	פַּרעוֹשׁ (ז)
midge	yavχuʃ	יַבחוּשׁ (ז)
locust	arbe	אַרבֶּה (ז)
snail	χilazon	חִילָזוֹן (ז)
cricket	tsartsar	צְרָצַר (ז)
firefly	gaχlilit	גַחלִילִית (נ)
ladybird	parat moʃe ra'benu	פָּרַת מֹשֶׁה רַבֵּנוּ (נ)
cockchafer	χipuʃit aviv	חִיפּוּשִׁית אָבִיב (נ)
leech	aluka	עֲלוּקָה (נ)
caterpillar	zaχal	זַחַל (ז)
earthworm	to'la'at	תוֹלַעַת (נ)
larva	'deren	דֶרֶן (ז)

Flora

142. Trees

tree	ets	עֵץ (ז)
deciduous (adj)	naʃir	נָשִׁיר
coniferous (adj)	maχtani	מַחטָנִי
evergreen (adj)	yarok ad	יָרוֹק עַד
apple tree	ta'puaχ	תַפּוּחַ (ז)
pear tree	agas	אַגָס (ז)
sweet cherry tree	gudgedan	גודגְדָן (ז)
sour cherry tree	duvdevan	דובדְבָן (ז)
plum tree	ʃezif	שְׁזִיף (ז)
birch	ʃadar	שַׁדָר (ז)
oak	alon	אַלוֹן (ז)
linden tree	'tilya	טִילְיָה (נ)
aspen	aspa	אַספָּה (נ)
maple	'eder	אֶדֶר (ז)
spruce	a'ʃuaχ	אַשׁוּחַ (ז)
pine	'oren	אוֹרֶן (ז)
larch	arzit	אַרזִית (נ)
fir tree	a'ʃuaχ	אַשׁוּחַ (ז)
cedar	'erez	אֶרֶז (ז)
poplar	tsaftsefa	צַפצָפָה (נ)
rowan	ben χuzrar	בֶּן־חוזרָר (ז)
willow	arava	עֲרָבָה (נ)
alder	alnus	אַלנוּס (ז)
beech	aʃur	אָשׁוּר (ז)
elm	bu'kitsa	בּוּקִיצָה (נ)
ash (tree)	mela	מֵילָה (נ)
chestnut	armon	עַרמוֹן (ז)
magnolia	mag'nolya	מַגנוֹלְיָה (נ)
palm tree	'dekel	דֶקֶל (ז)
cypress	broʃ	בּרוֹשׁ (ז)
mangrove	mangrov	מַנגרוֹב (ז)
baobab	ba'obab	בָּאוֹבַּב (ז)
eucalyptus	eika'liptus	אֵיקָלִיפטוּס (ז)
sequoia	sek'voya	סֶקווֹיָה (נ)

143. Shrubs

bush	'siaχ	שִׂיחַ (ז)
shrub	'siaχ	שִׂיחַ (ז)

grapevine	'gefen	גֶּפֶן (ז)
vineyard	'kerem	כֶּרֶם (ז)
raspberry bush	'petel	פֶּטֶל (ז)
blackcurrant bush	'siaχ dumdemaniyot ʃχorot	שִׂיחַ דּוּמְדְּמָנִיּוֹת שְׁחוֹרוֹת (ז)
redcurrant bush	'siaχ dumdemaniyot adumot	שִׂיחַ דּוּמְדְּמָנִיּוֹת אֲדוּמוֹת (ז)
gooseberry bush	χazarzar	חֲזַרְזַר (ז)
acacia	ʃita	שִׁיטָה (נ)
barberry	berberis	בֶּרְבֶּרִיס (ז)
jasmine	yasmin	יַסְמִין (ז)
juniper	arʿar	עַרְעָר (ז)
rosebush	'siaχ vradim	שִׂיחַ וְרָדִים (ז)
dog rose	'vered bar	וֶרֶד בָּר (ז)

144. Fruits. Berries

fruit	pri	פְּרִי (ז)
fruits	perot	פֵּירוֹת (ז"ר)
apple	ta'puaχ	תַּפּוּחַ (ז)
pear	agas	אַגָס (ז)
plum	ʃezif	שְׁזִיף (ז)
strawberry (garden ~)	tut sade	תּוּת שָׂדֶה (ז)
sour cherry	duvdevan	דּוּבְדְּבָן (ז)
sweet cherry	gudgedan	גּוּדְגְּדָן (ז)
grape	anavim	עֲנָבִים (ז"ר)
raspberry	'petel	פֶּטֶל (ז)
blackcurrant	dumdemanit ʃχora	דּוּמְדְּמָנִית שְׁחוֹרָה (נ)
redcurrant	dumdemanit aduma	דּוּמְדְּמָנִית אֲדוּמָה (נ)
gooseberry	χazarzar	חֲזַרְזַר (ז)
cranberry	χamutsit	חֲמוּצִית (נ)
orange	tapuz	תַּפּוּז (ז)
tangerine	klemen'tina	קְלֶמֶנְטִינָה (נ)
pineapple	'ananas	אֲנָנָס (ז)
banana	ba'nana	בָּנָנָה (נ)
date	tamar	תָּמָר (ז)
lemon	limon	לִימוֹן (ז)
apricot	'miʃmeʃ	מִשְׁמֵשׁ (ז)
peach	afarsek	אֲפַרְסֵק (ז)
kiwi	'kivi	קִיוִוי (ז)
grapefruit	eʃkolit	אֶשְׁכּוֹלִית (נ)
berry	garger	גַּרְגֵּר (ז)
berries	gargerim	גַּרְגְּרִים (ז"ר)
cowberry	uχmanit aduma	אוּכְמָנִית אֲדוּמָה (נ)
wild strawberry	tut 'yaʿar	תּוּת יַעַר (ז)
bilberry	uχmanit	אוּכְמָנִית (נ)

145. Flowers. Plants

flower	'peraχ	פֶּרַח (ז)
bouquet (of flowers)	zer	זֵר (ז)
rose (flower)	'vered	וֶרֶד (ז)
tulip	tsiv'oni	צִבעוֹנִי (ז)
carnation	tsi'poren	צִיפּוֹרֶן (ז)
gladiolus	glad'yola	גלַדיוֹלָה (נ)
cornflower	dganit	דגָנִיָה (נ)
harebell	pa'amonit	פַּעֲמוֹנִית (נ)
dandelion	ʃinan	שִינָן (ז)
camomile	kamomil	קָמוֹמִיל (ז)
aloe	alvai	אַלוֹוַי (ז)
cactus	'kaktus	קַקטוּס (ז)
rubber plant, ficus	'fikus	פִיקוּס (ז)
lily	ʃoʃana	שוֹשָנָה (נ)
geranium	ge'ranyum	גֶרַניוּם (ז)
hyacinth	yakinton	יָקִינטוֹן (ז)
mimosa	mi'moza	מִימוֹזָה (נ)
narcissus	narkis	נַרקִיס (ז)
nasturtium	'kova hanazir	כּוֹבַע הַנָזִיר (ז)
orchid	saχlav	סַחלָב (ז)
peony	admonit	אַדְמוֹנִית (נ)
violet	sigalit	סִיגָלִית (נ)
pansy	amnon vetamar	אַמנוֹן וְתָמָר (ז)
forget-me-not	ziχ'rini	זִכרִינִי (ז)
daisy	marganit	מַרגָנִית (נ)
poppy	'pereg	פֶּרֶג (ז)
hemp	ka'nabis	קָנָאבִּיס (ז)
mint	'menta	מֶנתָה (נ)
lily of the valley	zivanit	זִיווָנִית (נ)
snowdrop	ga'lantus	גָלַנטוּס (ז)
nettle	sirpad	סִרפָּד (ז)
sorrel	χum'a	חוּמעָה (נ)
water lily	nufar	נוּפָר (ז)
fern	ʃaraχ	שָרָך (ז)
lichen	χazazit	חֲזָזִית (נ)
conservatory (greenhouse)	χamama	חֲמָמָה (נ)
lawn	midʃa'a	מִדשָאָה (נ)
flowerbed	arugat praχim	עֲרוּגַת פּרָחִים (נ)
plant	'tsemaχ	צֶמַח (ז)
grass	'deʃe	דֶשֶא (ז)
blade of grass	giv'ol 'esev	גִבעוֹל עֵשֶׂב (ז)

leaf	ale	עָלֶה (ז)
petal	ale ko'teret	עָלֵה כּוֹתֶרֶת (ז)
stem	giv'ol	גִבעוֹל (ז)
tuber	'pka'at	פְקַעַת (נ)
young plant (shoot)	'nevet	נֶבֶט (ז)
thorn	kots	קוֹץ (ז)
to blossom (vi)	lif'roaχ	לִפרוֹח
to fade, to wither	linbol	לִנבּוֹל
smell (odour)	'reaχ	רֵיחַ (ז)
to cut (flowers)	ligzom	לִגזוֹם
to pick (a flower)	liktof	לִקטוֹף

146. Cereals, grains

grain	tvu'a	תבוּאָה (נ)
cereal crops	dganim	דגָנִים (ז"ר)
ear (of barley, etc.)	ʃi'bolet	שִיבּוֹלֶת (נ)
wheat	χita	חִיטָה (נ)
rye	ʃifon	שִיפוֹן (ז)
oats	ʃi'bolet ʃu'al	שִיבּוֹלֶת שוּעָל (נ)
millet	'doχan	דוֹחַן (ז)
barley	se'ora	שְׂעוֹרָה (נ)
maize	'tiras	תִירָס (ז)
rice	'orez	אוֹרֶז (ז)
buckwheat	ku'semet	כּוּסֶמֶת (נ)
pea plant	afuna	אֲפוּנָה (נ)
kidney bean	ʃu'it	שְעוּעִית (נ)
soya	'soya	סוֹיָה (נ)
lentil	adaʃim	עֲדָשִים (נ"ר)
beans (pulse crops)	pol	פּוֹל (ז)

COUNTRIES. NATIONALITIES

147. Western Europe

Europe	ei'ropa	אֵירוֹפָּה (נ)
European Union	ha'iχud ha'eiro'pe'i	הָאִיחוּד הָאֵירוֹפִּי (ז)
Austria	'ostriya	אוֹסטרִיָה (נ)
Great Britain	bri'tanya hagdola	בּרִיטַניָה הַגדוֹלָה (נ)
England	'angliya	אַנגלִיָה (נ)
Belgium	'belgya	בֶּלגִיָה (נ)
Germany	ger'manya	גֶרמַניָה (נ)
Netherlands	'holand	הוֹלַנד (נ)
Holland	'holand	הוֹלַנד (נ)
Greece	yavan	יָוָון (נ)
Denmark	'denemark	דֶנֶמַרק (נ)
Ireland	'irland	אִירלַנד (נ)
Iceland	'island	אִיסלַנד (נ)
Spain	sfarad	ספָרַד (נ)
Italy	i'talya	אִיטַליָה (נ)
Cyprus	kafrisin	קַפרִיסִין (נ)
Malta	'malta	מַלטָה (נ)
Norway	nor'vegya	נוֹרבֶגיָה (נ)
Portugal	portugal	פּוֹרטוּגָל (נ)
Finland	'finland	פִינלַנד (נ)
France	tsarfat	צָרפַת (נ)
Sweden	'ʃvedya	שבֶדיָה (נ)
Switzerland	'ʃvaits	שווַייץ (נ)
Scotland	'skotland	סקוֹטלַנד (נ)
Vatican City	vatikan	וָתִיקָן (ז)
Liechtenstein	liχtenʃtain	לִיכטֶנשטַיין (נ)
Luxembourg	luksemburg	לוּקסֶמבּוּרג (נ)
Monaco	mo'nako	מוֹנָקוֹ (נ)

148. Central and Eastern Europe

Albania	al'banya	אַלבַּניָה (נ)
Bulgaria	bul'garya	בּוּלגַריָה (נ)
Hungary	hun'garya	הוּנגַריָה (נ)
Latvia	'latviya	לַטבִיָה (נ)
Lithuania	'lita	לִיטָא (נ)
Poland	polin	פּוֹלִין (נ)

Romania	ro'manya	רוֹמַנְיָה (נ)
Serbia	'serbya	סֶרבִּיָה (נ)
Slovakia	slo'vakya	סלוֹבַקְיָה (נ)
Croatia	kro''atya	קרוֹאַטְיָה (נ)
Czech Republic	'ʧeχya	צֶ'כִיָה (נ)
Estonia	es'tonya	אֶסטוֹנִיָה (נ)
Bosnia and Herzegovina	'bosniya	בּוֹסְנִיָה (נ)
North Macedonia	make'donya	מָקֶדוֹנִיָה (נ)
Slovenia	slo'venya	סלוֹבֶנְיָה (נ)
Montenegro	monte'negro	מוֹנטֶנֶגרוֹ (נ)

149. Former USSR countries

Azerbaijan	azerbaidʒan	אָזֶרבַּייגָ'ן (נ)
Armenia	ar'menya	אַרמֶנְיָה (נ)
Belarus	'belarus	בֶּלָרוּס (נ)
Georgia	'gruzya	גרוּזיָה (נ)
Kazakhstan	kazaχstan	קָזַחסטָן (נ)
Kirghizia	kirgizstan	קירגִיזסטָן (נ)
Moldova, Moldavia	mol'davya	מוֹלדַבִיָה (נ)
Russia	'rusya	רוּסיָה (נ)
Ukraine	uk'rayna	אוּקרָאִינָה (נ)
Tajikistan	tadʒikistan	טָגִ'יקִיסטָן (נ)
Turkmenistan	turkmenistan	טוּרקמֶנִיסטָן (נ)
Uzbekistan	uzbekistan	אוּזבֶּקִיסטָן (נ)

150. Asia

Asia	'asya	אַסיָה (נ)
Vietnam	vyetnam	וייֶטנָאם (נ)
India	'hodu	הוֹדוּ (נ)
Israel	yisra'el	יִשׂרָאֵל (נ)
China	sin	סִין (נ)
Lebanon	levanon	לְבָנוֹן (נ)
Mongolia	mon'golya	מוֹנגוֹלִיָה (נ)
Malaysia	ma'lezya	מָלֶזיָה (נ)
Pakistan	pakistan	פָּקִיסטָן (נ)
Saudi Arabia	arav hasaʿudit	עֲרָב הַסָעוּדִית (נ)
Thailand	'tailand	תָאילַנד (נ)
Taiwan	taivan	טַייוָון (נ)
Turkey	'turkiya	טוּרקִיָה (נ)
Japan	yapan	יַפָּן (נ)
Afghanistan	afganistan	אַפגָנִיסטָן (נ)
Bangladesh	bangladeʃ	בַּנגלָדֶש (נ)

Indonesia	indo'nezya	אִינדוֹנֶזיָה (נ)
Jordan	yarden	יַרדֵן (נ)
Iraq	irak	עִירָאק (נ)
Iran	iran	אִירָן (נ)
Cambodia	kam'bodya	קַמבּוֹדיָה (נ)
Kuwait	kuveit	כּוּוֵית (נ)
Laos	la'os	לָאוֹס (נ)
Myanmar	miyanmar	מִיַאנמָר (נ)
Nepal	nepal	נֶפָּאל (נ)
United Arab Emirates	iχud ha'emi'royot ha'araviyot	אִיחוד הָאֱמִירוֹיוֹת הָעֲרָבִיוֹת (ז)
Syria	'surya	סוּריָה (נ)
Palestine	falastin	פָּלַסטִין (נ)
South Korea	ko'rei'a hadromit	קוֹרֵיאָה הַדרוֹמִית (נ)
North Korea	ko'rei'a hatsfonit	קוֹרֵיאָה הַצפוֹנִית (נ)

151. North America

United States of America	artsot habrit	אַרצוֹת הַבּרִית (נ"ר)
Canada	'kanada	קָנָדָה (נ)
Mexico	'meksiko	מֶקסִיקוֹ (נ)

152. Central and South America

Argentina	argen'tina	אַרגֶנטִינָה (נ)
Brazil	brazil	בּרָזִיל (נ)
Colombia	ko'lombya	קוֹלוֹמבּיָה (נ)
Cuba	'kuba	קוּבָּה (נ)
Chile	'ʧile	צִ'ילֶה (נ)
Bolivia	bo'livya	בּוֹלִיביָה (נ)
Venezuela	venetsu"ela	וֶנֶצוּאֶלָה (נ)
Paraguay	paragvai	פָּרַגוַואי (נ)
Peru	peru	פֶּרוּ (נ)
Suriname	surinam	סוּרִינָאם (נ)
Uruguay	urugvai	אורוּגוַואי (נ)
Ecuador	ekvador	אֶקוָודוֹר (נ)
The Bahamas	iyey ba'hama	אִיֵי בָּהָאמָה (ז"ר)
Haiti	ha"iti	הָאִיטִי (נ)
Dominican Republic	hare'publika hadomeni'kanit	הָרֶפּוּבּלִיקָה הַדוֹמִינִיקָנִית (נ)
Panama	pa'nama	פָּנָמָה (נ)
Jamaica	ʤa'maika	גָ'מַייקָה (נ)

153. Africa

Egypt	mits'rayim	מִצרַיִם (נ)
Morocco	ma'roko	מָרוֹקוֹ (נ)

Tunisia	tu'nisya	טוּנִיסְיָה (נ)
Ghana	'gana	גָאנָה (נ)
Zanzibar	zanzibar	זָנזִיבָּר (נ)
Kenya	'kenya	קֶנִיָה (נ)
Libya	luv	לוּב (נ)
Madagascar	madagaskar	מָדָגַסקָר (ז)
Namibia	na'mibya	נָמִיבּיָה (נ)
Senegal	senegal	סֶנֶגָל (ו)
Tanzania	tan'zanya	טַנזַנִיָה (נ)
South Africa	drom 'afrika	דרוֹם אַפרִיקָה (נ)

154. Australia. Oceania

Australia	ost'ralya	אוֹסטרַלְיָה (נ)
New Zealand	nyu 'ziland	ניו זִילַנד (נ)
Tasmania	tas'manya	טַסמַנִיָה (נ)
French Polynesia	poli'nezya hatsarfatit	פּוֹלִינֶזיָה הַצָרפָתִית (נ)

155. Cities

Amsterdam	'amsterdam	אַמסטֶרדָם (נ)
Ankara	ankara	אַנקָרָה (נ)
Athens	a'tuna	אָתוּנָה (נ)
Baghdad	bagdad	בַּגדָד (נ)
Bangkok	bangkok	בַּנגקוֹק (נ)
Barcelona	bartse'lona	בַּרצֶלוֹנָה (נ)
Beijing	beidʒing	בֵּייג'ינג (נ)
Beirut	beirut	בֵּירוּת (נ)
Berlin	berlin	בֶּרלִין (נ)
Mumbai (Bombay)	bombei	בּוֹמבֵּי (נ)
Bonn	bon	בּוֹן (נ)
Bordeaux	bordo	בּוֹרדוֹ (נ)
Bratislava	bratis'lava	בּרָטִיסלָאבָה (נ)
Brussels	brisel	בּרִיסֶל (נ)
Bucharest	'bukareʃt	בּוּקָרֶשט (נ)
Budapest	'budapeʃt	בּוּדַפֶּשט (נ)
Cairo	kahir	קָהִיר (נ)
Kolkata (Calcutta)	kol'kata	קוֹלקָטָה (נ)
Chicago	ʃi'kago	שִיקָאגוֹ (נ)
Copenhagen	kopen'hagen	קוֹפֶּנהָגֶן (נ)
Dar-es-Salaam	dar e salam	דָאר אֶ־סַלָאם (נ)
Delhi	'delhi	דֶלהִי (נ)
Dubai	dubai	דוּבַּאי (נ)
Dublin	'dablin	דַבּלִין (נ)
Düsseldorf	'diseldorf	דִיסֶלדוֹרף (נ)
Florence	fi'rentse	פִּירֶנצֶה (נ)

Frankfurt	'frankfurt	פרַנקפוּרט (נ)
Geneva	dʒe'neva	ג'נֶבָה (נ)
The Hague	hag	הָאג (נ)
Hamburg	'hamburg	הַמבּוּרג (נ)
Hanoi	hanoi	הָאנוֹי (נ)
Havana	ha'vana	הָווָאנָה (נ)
Helsinki	'helsinki	הֶלסִינקִי (נ)
Hiroshima	hiro'ʃima	הִירוֹשִימָה (נ)
Hong Kong	hong kong	הוֹנג קוֹנג (נ)
Istanbul	istanbul	אִיסטַנבּוּל (נ)
Jerusalem	yeruʃa'layim	יְרוּשָלַיִם (נ)
Kyiv	'kiyev	קִייֶב (נ)
Kuala Lumpur	ku"ala lumpur	קוּאָלָה לוּמפּוּר (נ)
Lisbon	lisbon	לִיסבּוֹן (נ)
London	'london	לוֹנדוֹן (נ)
Los Angeles	los 'andʒeles	לוֹס אַנגֶ'לֶס (נ)
Lyons	li'on	לִיאוֹן (נ)
Madrid	madrid	מַדרִיד (נ)
Marseille	marsei	מַרסֵי (נ)
Mexico City	'meksiko 'siti	מֶקסִיקוֹ סִיטִי (נ)
Miami	ma'yami	מָיָאמִי (נ)
Montreal	montri'ol	מוֹנטרִיאוֹל (נ)
Moscow	'moskva	מוֹסקבָה (נ)
Munich	'minχen	מִינכֶן (נ)
Nairobi	nai'robi	נַיירוֹבִּי (נ)
Naples	'napoli	נָפּוֹלִי (נ)
New York	nyu york	נִיו יוֹרק (נ)
Nice	nis	נִיס (נ)
Oslo	'oslo	אוֹסלוֹ (נ)
Ottawa	'otava	אוֹטָווָה (נ)
Paris	pariz	פָּרִיז (נ)
Prague	prag	פּרָאג (נ)
Rio de Janeiro	'riyo de ʒa'nero	רִיוֹ דֶה זָ'נֶרוֹ (נ)
Rome	'roma	רוֹמָא (נ)
Saint Petersburg	sant 'petersburg	סָנט פֶּטֶרסבּוּרג (נ)
Seoul	se'ul	סֵאוּל (נ)
Shanghai	ʃanχai	שַנחַאי (נ)
Singapore	singapur	סִינגָפּוּר (נ)
Stockholm	'stokholm	סטוֹקהוֹלם (נ)
Sydney	'sidni	סִידנִי (נ)
Taipei	taipe	טַייפֶּה (נ)
Tokyo	'tokyo	טוֹקיוֹ (נ)
Toronto	to'ronto	טוֹרוֹנטוֹ (נ)
Venice	ve'netsya	וֶנֶציָה (נ)
Vienna	'vina	וִינָה (נ)
Warsaw	'varʃa	וַרשָה (נ)
Washington	'voʃington	ווֹשִינגטוֹן (נ)

www.ingramcontent.com/pod-product-compliance
Lightning Source LLC
Chambersburg PA
CBHW070600050426
42450CB00011B/2914